超大型集装箱船典型结构焊接变形预测及控制技术

周　宏　史雄华　王江超　著

科学出版社

北　京

内 容 简 介

本书基于并行计算技术的热弹塑性有限分析方法,计及多层多道焊中的重熔现象,在探明超大型集装箱船复杂结构抗扭箱和横舱壁等典型结构各接头的温度场和应力变形场的变化规律,获取典型对接接头和角接接头的固有变形而形成固有变形数据库的基础上,高效精确地预测了典型复杂结构的焊接变形,并提出对称顺序焊接和优化坡口等方法,有效地控制了典型复杂结构焊接面外变形。研究成果为系统掌握超大型集装箱船典型复杂结构焊接变形规律,进而判断施工工艺的科学性和合理性提供了理论依据和数据支持。

本书可供从事船舶与海洋工程建造的工程技术人员学习参考,也可供高等学校船舶与海洋工程专业师生使用。

图书在版编目(CIP)数据

超大型集装箱船典型结构焊接变形预测及控制技术/周宏,史雄华,王江超著. —北京:科学出版社,2020.3

ISBN 978-7-03-064486-2

Ⅰ. ①超⋯ Ⅱ. ①周⋯ ②史⋯ ③王⋯ Ⅲ. ①集装箱船-焊接结构-变形观测②集装箱船-焊接结构-变形-控制 Ⅳ. ①U674.13

中国版本图书馆 CIP 数据核字(2020)第 030313 号

责任编辑:许 蕾 曾佳佳/责任校对:杨聪敏
责任印制:张 伟/封面设计:许 瑞

科 学 出 版 社 出版
北京东黄城根北街 16 号
邮政编码:100717
http://www.sciencep.com

北京中石油彩色印刷有限责任公司 印刷
科学出版社发行 各地新华书店经销

*

2020 年 3 月第 一 版 开本:720×1000 1/16
2020 年 3 月第一次印刷 印张:8 1/2
字数:170 000

定价:89.00 元
(如有印装质量问题,我社负责调换)

前　言

||||||||||||||||||||||||

　　21 世纪是海洋的世纪,海洋事关国家安全和长远发展,中共十八大明确提出"建设海洋强国"的战略和"一带一路"倡议。建设海洋强国和"海上丝绸之路"必须从多个层面有效推进,其中一个关键的环节就是装备先行。为了实现我国从海洋大国向海洋强国的历史性跨越,必须在一些关键领域抢占先机,取得突破。超大型集装箱船具有高难度、高复杂性和高附加值的特点,是典型的高技术船型之一,是船舶工业未来竞争的热点和焦点之一。同时,超大型集装箱船是未来中欧航线的主力船型,是"海上丝绸之路"的关键装备之一。

　　打造超大型集装箱船创新链符合《中国制造 2025》战略要求。国务院发布的《中国制造 2025》提出的第一个战略任务和重点就是"提高国家制造业创新能力",其中特别强调"加强关键核心技术研发"和"提高创新设计能力"。《中国制造 2025》明确提出把海洋工程装备和高技术船舶作为十大重点发展领域之一加快推进,这为我国海洋工程装备和高技术船舶发展指明了方向。20000TEU 及以上级超大型集装箱船的设计建造在国际上刚起步,是当之无愧的创新技术,通过科研院所、船舶建造企业和设备制造商联动的模式,以产业链打造创新链,再以创新链升级产业链,实现我国在该船型上的突破并带动相关基础研究和国产高端船用设备的研制和应用能力的提升。

　　因此,随着集装箱船发展迈入超大型集装箱船时代,开展超大型集装箱船创新研究能为"建设海洋强国"战略和"一带一路"倡议提供高端装备,具有重要的战略意义。

本书以 20000TEU 超大型集装箱船为对象，通过对标韩国，研究超大型集装箱船典型结构焊接变形预测及控制的核心关键技术，带动国内超大型集装箱船快速建造技术中焊接变形预测及控制的重大创新，实现 20000TEU 及以上超大型集装箱船高效建造技术的突破，提升多项技术指标，形成我国船舶建造企业在超大型集装箱船建造领域的核心竞争力，使中国船舶企业在世界范围内从跟随态势转变为引领状态。

希望本书的研究成果为船舶与海洋工程领域相关研究人员、工程技术人员及研究生开展船舶与海洋工程复杂结构焊接变形预测及控制研究工作提供有益的指导和帮助。

感谢工信部高技术船舶科研专项子专题（15921019518）和江苏高校高技术船舶协同创新中心培育项目（HZ2016009）的资助支持。感谢作者周宏所在的江苏科技大学，作者史雄华、王江超所在的华中科技大学及承建企业的领导和同行们对本书写作的大力支持和帮助。

由于作者水平和学识有限，书中疏漏、欠妥之处在所难免，真诚希望读者、专家和同行不吝赐教。

作　者

2019 年 10 月

第 3 章　　　第 4 章　　　第 5 章

（请扫码查看彩色原图）

目　录

第1章 绪 论

IIIIIIIIIIIIIIIIIIIIIIIIIIII

　　大型集装箱船是近年来的高技术、高附加值产品，是目前世界上尤其是韩国等先进造船国家重点发展的高端船型之一。集装箱运输因具有"快速、安全、优质、价廉"等特点而得到了迅猛发展，自 2000 年以来，集装箱船运输量以每年 9%的增长率递增，据专家估计，如果全球经济增长 1%，集装箱运输量将会增长 4%～5%。集装箱运输已成为海洋运输中增长最快的一个领域。航运市场业内人士预计：在 2016 年以后的集装箱运输领域，10000TEU 以上的船舶增长速度最快，可能会达到 50%。世界各大航运公司普遍看好这一市场，为了扩大市场份额，最大限度地发挥规模经济效益，业内航运企业纷纷订造大型集装箱船，集装箱船装箱数越来越多，载箱数量记录被不断刷新。

　　当前，国际主流班轮公司对集装箱船的需求正在从大型化向超大型化发展，其主要原因在于集装箱船超大型化所带来的显著规模经济效益[1]。而在超大型集装箱船的设计和建造领域，韩国造船企业长期处于霸主地位。近几年，国内一些规模较大、资金和技术也较为雄厚的造船企业也进入了建造超大型集装箱船的领域。而国内船舶企业普遍缺乏超大型集装箱船的建造经验，无论是设计水平，还是工艺方法、建造周期等，都与管理先进、经验丰富的日韩船企存在着相当的差距[2]。国内船舶建造企业在焊接工艺设计及变形控制技术方面，与韩国先进船企相比，主要存在以下差距：①焊接节点形式及工艺考虑不周，建造过程中焊接的工作总量普遍比韩国偏大；②焊接顺序尚未形成强制性要求，现场作业的不合理，影响整体的尺寸，增加了后期调整工作量；③全船焊接收缩量的设计尚需进一步优化；④横舱壁片体组立背烧未完全落实，导致搁置及吊装过程的应力释放变形等。

焊接是通过局部加热、加压或同时加热与加压的方法，将连接处的金属熔化，从而促使连接处金属原子互相渗透以达到金属晶格间距，完全利用原子间的结合力将两个母材连接起来[3]。相较于其他加工工艺，焊接具有接头承载能力强、密性好、省材料、结构设计简单、生产效率高等优点，因此被广泛地应用在船舶、汽车、火车、桥梁、压力容器等制造及加工领域中[4]。焊接作为在船舶结构的生产中最主要的连接技术，焊接的工作量占船体建造总工作量的 2/3 以上，焊接质量的高低直接影响船体质量和生产周期[5]。但由于焊接是一个局部加热的过程，焊缝区与母材区之间会产生巨大的温度梯度，因此在冷却至室温后，局部的加热和冷却产生的塑性变形的累积导致了焊接变形的产生[5]。由焊接引起的船体结构的变形，不但会影响结构焊接质量，还会降低结构的承载能力[6]。而且随着焊接变形的持续累积，大型的船体分段在合拢焊接时，由于与初始设计尺寸严重不符，需要消耗大量的时间和成本进行矫正[7]。因此，精确地控制大型船体分段的焊接变形对于提升造船质量和效率有着重要意义。

若能在正式焊接前，精准预测出整个船体分段的焊接变形，便可根据预测结果确定各小部件的焊接补偿量，以及在变形较大处采用适当的加强等一系列措施，从而显著提升船体分段结构建造的精度和效率。而传统确定焊接补偿余量的方法是利用实验、经验以及实际建造过程中测量的数据来考量的。由于这些实验仅对一般的对接和角接接头进行焊接，得到的结果较为简单，对于复杂船体结构的焊接变形的参考价值很有限。而且利用经验和实验数据的方法往往仅适用于同一种船型的同一种建造方式，对于船型多变、建造方式各不相同的造船业而言，系统地测量出每种船型及制造方案的变形量也不现实[8]。而错误的焊接补偿余量预测将导致结构进行再加工，严重地会使整个结构报废，因此给出准确的焊接补偿余量对于精度造船有重要的意义。

目前，伴随着计算机技术的发展，数值仿真技术在焊接变形分析中起到越来越重要的作用，已成为焊接过程结构变形研究的重要手段。焊接变形数值模拟是一种以实际焊接过程和力学理论为基础，结合有限元方法，通过建立与结构相对应的模型，预测其焊接变形的技术。利用数值模拟方法可以得到比实验和理论更为全面、深入、易于理解以及实验和理论分析很难获得的结果。利用数值模拟方法不但可以计算不同结构的焊接变形，以评价结构性能与可制造性，并依此加放部件的变形余量或优化装配焊接方案和工艺，提高生产质量，而且还可以有效地节约大量的实验成本和时间，从而缩短研究和开发焊接工艺的周期。

近几十年来，众多学者利用数值仿真技术对复杂船体分段的焊接变形进行了一定的研究，解决了一些实际生产过程中的应用难题。但是，对于类似超大型集装箱船的一些高技术、高附加值船舶的典型复杂结构的焊接变形预测和控制技术的研究还比较少，仍有许多关键技术问题需要解决。

超大型集装箱船的复杂结构的特点使得在建造过程中对焊接技术、精度控制及试箱工艺等建造工艺的要求近乎苛刻[9]。尤其是对如图 1-1 所示的超大型集装箱船的关键结构——水密横舱壁和舷侧抗扭箱分段的建造精度提出了更高更苛刻的要求。起到划分整船舱室作用的水密横舱壁结构，由于舱壁直接与集装箱接触，需要在水密舱壁上铺设导轨架，若横舱壁结构变形过大，将导致导轨架与设计尺寸偏差过大，严重影响集装箱的顺利入舱，从而给整船的运营带来不利影响；同时为了弥补超大型集装箱船甲板开口过大带来的总纵强度和扭转强度不足，在舷侧增加了许多抗扭箱结构，其中的舱口围区域采用大量高强钢超厚板（板厚最大可达 85mm），超厚板对接和角接焊接的工作量巨大，导致整个抗扭箱的焊接变形较大，过大的变形量同样会影响集装箱的入舱过程[10]。因此，如何精准预测并控制水密横舱壁和舷侧抗扭箱等关键结构的焊接变形成为超大型集装箱船建造的关键技术。

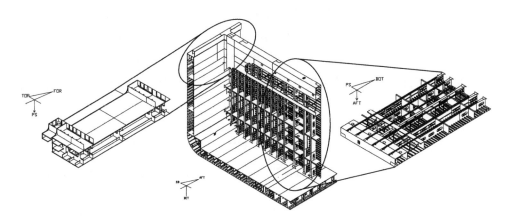

图 1-1　超大型集装箱的水密横舱壁和舷侧抗扭箱分段

　　针对上述问题，本书将以超大型集装箱船水密横舱壁和舷侧抗扭箱等典型结构为研究对象，通过数值模拟计算与现场实测数据验证等方法，精准预测整个复杂结构的焊接变形，以便获取变形较大的区域，分析导致变形的根本原因，并制定相应的改进措施，将焊接变形控制在规定范围内，从而指导船厂的实际生产。

1.1　国内外研究现状

1.1.1　船体结构焊接变形预测方法

　　焊接变形严重影响船体结构的建造精度，因此预测变形的分布规律和数值成为精度造船的重要研究内容。目前，焊接变形的预测方法可归纳为经验公式法、理论解析法、数值分析法和基于数据挖掘的焊接变形预测法等。

1. 经验公式法和理论解析法

　　经验公式法通过查找焊接手册上的经验公式和数据曲线来估计焊接结构的变形量[11]，白玲等[12]总结了对接焊接变形经验公式汇总表（表 1-1），包括焊缝的纵向变形、横向变形、角变形等。但是，这些经验公式是在实验室对窄小板条的焊接变形实验结果进行归纳得出的，对于船体中大型复杂的板架结构具有很大的局限性。20 世纪 40 年代，苏联奥凯尔勃洛姆[13]率先研究了焊接变形和残余应力的形成机制，并针对一维条件下的应力应变过程，分析建立了确定焊接残余应力和变形的理论研究方法。此后，库兹米诺夫[14]基于该方法进行了深入研究，并提出了以残余塑性变形来计算焊接变形的研究方法，该方法可对其他方法（如数值

表 1-1　对接焊接变形经验公式

变形种类	经验公式	符号说明
横向变形	$\Delta B = \xi \dfrac{q_v}{h}$	ΔB 为横向收缩变形，mm；h 为钢板厚度，mm；ξ 为固定的刚性系数，cm³/J；q_v 为焊接线能量，J/cm
纵向变形	$\Delta L = \varphi \dfrac{q_v}{A} L$	ΔL 为纵向收缩变形，mm；L 为钢板长度，mm；φ 为经验系数，cm³/J；q_v 为焊接线能量，J/cm；A 为部件横截面积，cm²
角变形	$\theta = 2\alpha T \tan\dfrac{\beta}{2}$	θ 为焊接角变形，rad；α 为热膨胀系数，℃⁻¹；T 为温度差，℃；β 为坡口开角（适用于单道焊），°

分析法等）所得解的精确性进行校验。但由于此方法建立在一些理想性假设之上，因此仅适用于较简单的焊接结构。

2. 数值分析法

利用数值分析技术预测结构的焊接变形，可以考察结构性能指标与制造可行性、节约大量成本，从而缩短研究和开发焊接工艺的周期。近年来，数值分析法已成为预测船体结构焊接变形的主要手段。其中热-弹-塑性有限元法是一种应用广泛的预测焊接残余应力和变形的计算方法，涵盖了焊接过程的各个方面，包括不同的焊接类型、焊接材料和接头形式等[15]，其研究流程如图 1-2 所示。

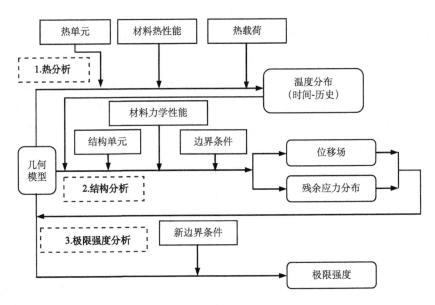

图 1-2　热-弹-塑性有限元法流程图

目前，国内外对该方法的应用已十分广泛。Blandon 等[16]利用气体加热炬作为热-弹-塑性有限元法的热源模型，研究热源位置和加热速度等参数对 U 形肋弯曲变形的影响。Chen 和 Soares[17]使用三维热-弹-塑性有限元法研究加强筋尺寸及板的细长度对简单角焊缝变形和极限强度的影响，并通过实验得到验证。

李功荣和陈震[18]采用热-弹-塑性有限元法模拟横骨架式船底结构的焊接过程，证明了在焊接过程中位于船底板架角端的胎架约束力最大。刘露等[19]建立热-弹-塑性有限元模型模拟了两个插管与壳板的焊接变形行为，且通过平板对接实验论证了有限元模型及相关输入参数的合理性。然而该方法也存在一定的局限性：第一，对于复杂结构而言，尤其是大型的船体分段，应用热-弹-塑性有限元法计算量非常庞大；第二，材料的热物理性能参数数据不足是目前有限元模拟技术遇到的困扰之一[20]。由于测试方法和手段的限制，材料的热物理性能数据在高温时的参数还是空白，这就给非线性计算带来了困难。目前，一般是通过实验和线性插值的方法获得高温时的一些数据，而实验测试（高温拉伸实验等）往往工作量大、对设备要求高，通常只可能获得少数点的数据，在此基础上插值就会导致结果不准确。

　　等效载荷法忽略焊接中间过程，直接把等效载荷作用在结构上，再通过弹性有限元分析来计算出结构的残余应力和变形。这种方法需要准确计算出描述焊接变形力学特性的等效载荷[21]。根据载荷的计算方法，可分为固有应变等效载荷法与塑性应变等效载荷法（plastic-based distortion analysis，PDA）。之所以称为固有应变，是由于其数值主要取决于焊接接头类型、材料性能、板厚及焊接热输入等参数，而焊接接头的长度及宽度（足够宽）的影响可忽略不计[22]。它是热应变、塑性应变、蠕变应变和相变应变四者残余量之和，即总应变中除去弹性应变的剩余部分之和。固有应变在距离焊缝的不同位置有着不同的值，所以在实际应用中存在一定的困难。若将垂直于焊缝横断面上的各固有应变分量进行积分，则可得到对应分量的固有变形，这样既增加了适应性，也可对大型船体分段的焊接变形进行预测[23]。Wang 等[24]基于固有变形理论分别研究了矩形薄板和加筋薄板的屈曲变形机制。结果表明，尽管"tendon force"（纵向固有收缩）是产生焊接屈曲变形的主要原因，但是固有弯曲变形和初始挠度被认为是触发屈曲的缺陷，并影响焊接变形的大小。而塑性应变等效载荷法是对固有应变等效载荷法的精简。因为固有应变中的热应变会随着焊接结构温度降低到室温而消失，且焊接过程中蠕变应变和材料固态相变引起的应变较小，可忽略不计，所以只剩残余塑性应变。Tsai 和 Jung[25]使用该方法研究了残余塑性应变与薄板 T 形接头角变形之间的内在联系并取得了良好的效果，与热-弹-塑性有限元法计算得到的结果相比，准确性达到了 97%。

3. 基于数据挖掘的焊接变形预测法

　　由于传统的基于经验公式、数值分析的焊接预测技术在实际应用时存在一定的局限性，一些研究学者开始寻找其他方法，即从实际建造的大量数据中寻求规律和方法。数据挖掘技术中用于焊接变形预测的包括人工神经网络、支持向量机（support vector machine，SVM）、聚类分析等[26]。赵丽等[27]基于 ID3 算法，建立了决策树数据挖掘模型并应用于压力容器的焊接过程中，证明了该方法的准确性。周方明等[28]借助机器学习的原理，采用支持向量回归方法建立焊接变形预测模型，实际运行表明该系统能够实现焊接变形的快捷预测和管理。冯志强和柳存根[29]提出一种基于模糊粗糙集理论的知识建模方法，运行结果表明预测模型具有较高的推算精度，能够满足船体结构焊接变形预报与控制的要求。而大量数据挖掘方法中，人工神经网络技术在船舶焊接变形预测方面的研究最为成熟。Pinzon 等[30]采用人工神经网络模型解决了板材线加热成形的逆问题，其使用板厚及四个固有变形分量作为输入参数来求解线加热速度。对应的神经网络模型拓扑结构如图 1-3 所示。研究结果表明，拓扑结构及训练数据对人工神经网络的模拟结果影响显著。

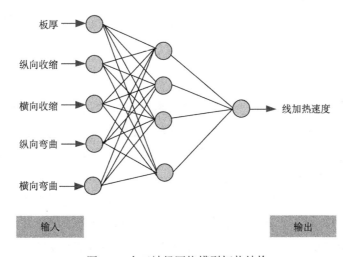

图 1-3　人工神经网络模型拓扑结构

　　张系斌等[31]采用人工神经网络预测中厚板的对接焊接变形，通过 3 层 BP 网络系统对其中几组数据进行预测，结果与实验数据接近，误差满足工程要求。张健和杨锐[32]利用径向基函数神经网络对采用脉冲激光焊接技术的薄板焊接中产生的横向收缩变形和弯曲变形进行预测，研究结果证明了该方法具有较高的预测准确度。张玉宝等[33]提出的基于"进化监控"和"生死个体交替"技术相结合的传统遗传神经网络改进策略，应用于 SMAW 焊接变形预测中，与基于传统遗传神经网络的预测模型相比，预测精度更高，速度更快，具有更高的工程应用价值。

1.1.2　船体结构焊接变形控制方法

船体结构焊接变形是船舶工业中难以避免的工程问题，一般焊接变形的控制方法主要从结构设计、焊接工艺、反变形、温度场、综合分析等几方面考虑。

1. 科学的设计方法

船体的结构设计除了要满足船舶的强度和使用性能，还必须满足船舶制造中焊接变形最小及耗费劳动工时最低的要求[34]。合理的结构设计应包括以下几点：合理设计焊接结构；合理设计焊缝尺寸、位置和数量；合理设计焊缝的坡口形式。吴战国等[35]在研究自动扶梯桁架焊接变形原因时发现，其设置了过多的腹杆和横梁，且焊缝尺寸过大，同时在设计上未避开最大应力作用的截面，最终直接影响到变形量。

2. 先进的焊接技术

近年来，多丝焊、窄间隙焊、搅拌摩擦焊、激光-电弧复合焊等焊接工艺得到广泛应用，推动了船舶焊接技术向自动化、高效化、绿色化、数字化方向蓬勃发展[36]。为了解决常规 GMAW 在减小母材热输入的同时难以提高焊接效率的问题，Zhang 等[37]提出了一种新型的熔焊方法：双丝旁路耦合电弧 GMAW，它通过引入旁路电弧分流了一部分流经母材的主路电流，从而实现了高熔敷率、低热输入的焊接。樊丁等[38]基于双丝旁路耦合电弧 GMAW 焊接工艺原理，采用双闭环反馈解耦智能控制系统，优化了双丝旁路耦合电弧 GMAW 高速焊接工艺实验。图 1-4 为 DE-GMAW 工艺原理图。研究表明，采用双闭环反馈解耦智能控制系统使双丝旁路耦合电弧 GMAW 焊接过程稳定性更好、精确度更高且响应速度更快。

激光-电弧复合焊接技术是综合单独的激光焊接和电弧焊接而产生的。将激光、电弧复合起来，可以起到"1+1>2"的协同效果[39]。激光焊接与不同的电弧焊接技术结合，使激光-电弧复合焊接技术的应用领域更加广泛。王凯等[40]综述了近几年激光-电弧复合焊接技术在船用铝合金、船体结构钢、船用不锈钢、异种材料连接等方面的应用，取得了不错的效果。图 1-5 为激光-电弧复合焊接示例。

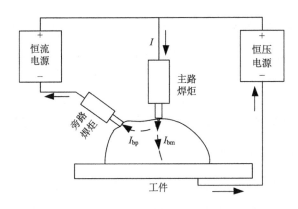

图 1-4　DE-GMAW 工艺原理图

I_{bp} 为旁路电流；I_{bm} 为母材加热电流

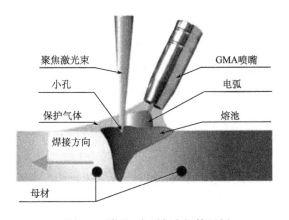

图 1-5　激光-电弧复合焊接示例

像大众、奥迪等很早就在它们的生产线上应用了激光-电弧复合焊接技术。由于该技术能增加焊接速度和送丝效率，同时能保持良好的穿透力和焊缝的冶金性能，从而为汽车公司提高了产量[41-43]。李晓辉等[44]发明了旋转双焦点激光-TIG 复合焊接工艺，并对 304 不锈钢进行了不同焊接参数下的工艺实验。结果表明，焊接电流和激光功率的相互配合是两个热源能否有效耦合的关键因素。

　　21 世纪以来，在造船领域，搅拌摩擦焊技术主要用于加工铝合金结构，尤其是铝合金预成型部件——带筋板，即利用摩擦焊将船用平板和型材拼接成大型壁板，主要应用在甲板、舷侧、船底板、舷墙、水密舱壁、直升机起降平台等的制造上[45]。荆忠亮等[46]研究了搅拌摩擦焊在不同接触力时对不同厚度船用钢板在加工过程中的弹性变形、接触应力的影响，为工程实践提供了参考。张昭等[47]研究了搅拌头形式对搅拌摩擦焊接中材料变形和温度场的影响。结果表明，采用尺寸较小的搅拌头轴肩时，摩擦面积的减小是导致焊接温度降低的主要原因，为了提高焊接温度和焊接质量，必须在使用小轴肩时采用较高的搅拌头旋转频率。张传臣等[48]综述了焊接高强厚板铝合金的新工艺方法，且与传统电弧焊进行了对比。

3. 合理的焊接工艺措施

先进的焊接技术需要合适的焊接工艺作保障。合理的焊接工艺措施：选用合适的焊接工艺参数，选用合适的装配焊接顺序，选用合适的约束方式。于永清等[49]在激光填粉焊接 304 不锈钢板实验中研究了激光功率、焊接速度、离焦量对焊缝形状及强度的影响，并采用正交实验优选工艺参数。周广涛等[50]利用热-弹-塑性有限元法对材料 Q345 大型吊车箱形梁分段的顶板结构焊接变形进行了数值模拟计算。结果表明，最优与最差的焊接顺序得到的变形量为 15.12mm 和 28.47mm，降低了 47%，可见选用合理焊接顺序的重要性。李育文等[51]研究了不同的固定方式对三通管焊接残余应力分布的影响，得到在筒壁上施加约束时残余应力分布较合理。

4. 反变形法

反变形法是事先预测出焊接变形的大小和方向，在焊接前对船体部件人为施加与焊接变形方向相反的预变形，以此来抵消焊接变形。大连理工大学的刘玉君和李艳君[52]用热-弹-塑性有限元法模拟结构的焊接过程，并对不同板厚、不同热源的结构分别进行数值模拟，最终确定焊接结构的弹性反变形规律，通过计算说明焊接前施加弹性反变形的结构在焊接后角变形趋于零。刘雨生等[53]基于有限元模型自行设计了弹性反变形工装，并数值模拟反变形工装的连接杆，有效地控制了焊接变形。张凯等[54]通过两种反变形施加方法进行了预置塑性反变形下的 T 形接头焊接变形控制研究。结果表明，预置塑性反变形法能够补偿焊接变形量，部件的焊后平整度较好，可为生产工作提供参考。

5. 温度场控制法

改变温度场的演变与分布可以有效地控制焊接结构的残余应力和变形。其中，选用不同的焊接热源模型是控制温度场的方法之一。程小华等[55]对不锈钢 T 形接头分别建立了四种热源模型模拟焊接过程中的温度场变化，经过比较发现，带状移动热源最佳。卫亮等[56]针对高速列车焊接工艺特点,改进常用的高斯热源,提出了适合铝合金惰性气体保护焊的双椭圆柱-高斯分布热源模型,并在实践中得到了检验。另一种控制温度场的方法是改变热源位置。李菊等[57]开展了热源与热沉中心的距离对采用动态控制低应力无变形焊接技术的薄板对接接头应变影响的研究,研究结果表明,热源与热沉之间距离越近,拉伸作用越强。

6. 系统综合分析法

影响船体结构焊接变形的因素众多,关系复杂,单一控制某一因素很难取得良好的效果。因此,将焊接过程整体作为一个系统,建立系统最优化目标,找到影响焊接变形的关键因素以及这些因素的相互关系并进行量化,从而进行重点的、定量的控制,是一个有效的解决途径[15]。张恩慧和苟建军[58]建立以焊接工艺参数为优化变量、以横向收缩变形和角变形为优化目标的多目标优化模型,在基于正交设计原理所构建的焊接工艺参数组合备选集中,优化得到了符合条件的最优工艺参数组合,验证了系统综合分析法的可靠性。

1.2 焊接变形预测关键技术

针对超大型集装箱船典型复杂结构的焊接变形预测和控制,主要采用热-弹-塑性有限元法和固有变形法。其中,热-弹-塑性有限元分析使用了基于 OpenMP (open multi-processing)的并行计算技术,能有效减少计算各典型焊接接头的时间,方便建立结构的固有变形数据库。固有变形法是在固有应变法的基础上改进而来的,其相较于固有应变法更容易加载到弹性分析模型的焊缝上。另外,其引入了界面单元,并综合考虑正式焊接前的装配及矫正过程,将更符合实际情况,使焊接变形预测更精准。

1.2.1 高效热-弹-塑性有限元分析

热-弹-塑性有限元法是应用最为广泛的焊接过程模拟计算方法,它涵盖了焊接过程的各个方面,包括不同的焊接材料、焊接类型和接头形式,既可用于对焊接变形的分析,也能用于对残余应力、裂纹、疲劳和断裂等的分析[59-61]。首先,以焊接过程产生的线能量作为输入载荷,进行瞬态的热传递分析,求解实时的温度场分布；其中，焊接结构与环境间的换热和热辐射需要作为边界条件考虑。然后，以瞬态温度作为热载荷进行逐步加载，通过材料的热膨胀系数建立热-力耦合作用，计算实时的应力场和变形场。由于焊接是一个局部快速加热-冷却的过程，在数值计算中，需要考虑材料热物理性能的温度非线性。该方法能跟踪焊接过程的每一时刻，从而获得每一时刻的温度场和应力应变场等结果。这种方法虽能预测焊接的全部力学过程，但精确的分析需要较长的计算时间。

1. 基于 OpenMP 的并行计算

传统的热-弹-塑性有限元分析多采用单线程（single thread）串行模式进行架构和编译，不能发挥服务器多 CPU 及多线程的硬件优势，无法提升多核心处理器的计算效能。因此，对于复杂的多层多道焊接头的求解，耗时过长，不适合实际应用。OpenMP 并行计算技术，是用于共享内存（shared memory）并行系统的多核心处理器程序设计的一套指导性编译处理方案；可实时调用多 CPU 及线程同时参与计算，极大地提高了计算效率，在计算力学中被广泛接受和采用[62,63]。基于 OpenMP 指令的程序，降低了并行编程的难度和复杂度，可更专注于程序的算法和结构架设，而非具体的实现细节。OpenMP 支持的编程语言包括 C、C++和 Fortran，而支持 OpenMP 的编译器包括 Sun Compiler、GNU Compiler 和 Intel Compiler 等。

同时，OpenMP 指令不能在非共享内存的计算机集群（cluster）上实现，此时需要借助 MPI 并行技术。当编译器或者处理器不支持 OpenMP 技术时，加注并行处理指令的代码会退化为普通串行程序，仍可以正常运行，只是不能利用多线程实现并行加速。

本书中的计算程序基于 Dell PowerEdge T420 服务器、Ubuntu14.04 版本操作系统及 Intel Compiler 编译器。在焊接温度场及力学响应的计算程序中，数据读入与存储过程以及分支判断部分，采用串行处理，提高代码执行效果；而对于大型矩阵求解的子循环，可调用 OpenMP 代码，编译器自动将程序进行并行化处理。具体地，针对多层多道焊的超大型刚度矩阵，可将串行的矩阵运算转化为刚度子矩阵群间的并行运算；同时使用多个 CPU 线程，有效地减少了计算等待时间。

2. 厚板多层多道焊的单元激活技术

对于大厚板的多层多道焊，焊材熔敷和重熔现象不可避免；因此，需要解决焊道建模及焊道熔敷间的一致性问题。具体地，多层多道焊时，低层焊缝熔敷凝固，上层焊缝并未实施；此时，上层焊缝处没有网格单元，不发生热量传导和相关的力学响应。如若依据实际的焊接过程和焊道顺序，实时改变计算模型的网格单元，以及焊道对应的单元，实现难度大。

因此，计算分析前的建模时，可网格划分所有焊道区域，基于 dummy 单元技术，将未焊接熔敷填充的焊道单元通过程序改变其热物理性能参数，设置为死亡单元（death element），使其不能传导焊接热量，也不能影响焊接接头的刚度和拘束度；而当该焊道单元熔敷填充时，重新激活相对应的热物理性能参数，设置为重生单元（birth element），参与相关的温度和力学计算，从而实现多层多道焊焊接过程的数值模拟。

同时，厚板多层多道焊中的各焊缝区域相互交错熔敷，形成了某些局部的焊道重熔现象。焊道重熔时，焊接热输入将对之前的焊道区域产生热处理效果，还会熔化部分之前的焊道，影响塑性应变区域的大小和形状。因此为了提高计算精度，需要予以考虑。

1.2.2　固有变形法

如果能够通过计算或实验方法得到固有应变或固有变形，便可使用弹性有限元分析来预测焊接接头及大型焊接结构壳（shell）单元模型的焊接变形。在这种弹性有限元分析中，固有应变或固有变形被加载到壳单元模型中的焊缝上，并且在待焊的两板之间增加界面单元，通过控制界面单元的刚度和变形来考虑在不同的装焊过程中出现的间隙和未对准等情况，最后通过一次弹性有限元分析，便可得到整个大型结构的焊接变形。

1. 固有应变

基于大量实验观察以及热-弹-塑性有限元计算分析，认为焊接过程中的剩余压缩塑性应变是产生焊接变形的根本原因[64,65]。焊缝在加热时会伸长，由于周围母材的约束，当压缩内应力大于屈服应力时，将产生压缩塑性应变。冷却过程正好相反，焊缝在拉伸内应力的作用下可能产生拉伸塑性应变。这样，在加热过程中产生的部分压缩塑性应变将被冷却过程中产生的拉伸塑性应变抵消，而剩余的压缩塑性应变则被保留下来，产生了焊接变形，如图 1-6 所示。这些剩余的压缩塑性应变又称为固有应变。之所以称为固有应变，是由于其数值主要取决于焊接接头类型、材料性能、板厚及焊接热输入等参数，而焊接接头的长度及宽度（足够宽）的影响可忽略不计。这样就可以对小型的典型焊接接头进行实验测量和热-弹-塑性有限元分析，获得该焊缝的固有应变，然后将其加载到长焊缝上，通过弹性分析来预测大型结构的焊接变形。

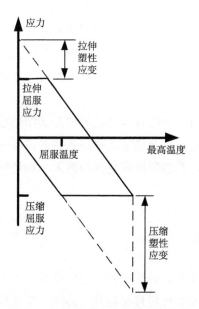

图 1-6   焊接过程中塑性应变的变化

焊接加热冷却过程中的总应变 ε 可分为式（1-1）中所示的几个分量：弹性应变 ε^e、热应变 ε^T、塑性应变 ε^p、蠕变应变 ε^c、相变应变 ε^{tr}。而固有应变 ε^{in} 是总应变 ε 中除去弹性应变 ε^e 剩下部分的和，如式（1-2）所示。固有应变通常可以近似地用塑性应变来表示，因为焊接过程中蠕变应变和材料固态相变引起的应变较小，可忽略不计。热应变则会随着焊接结构温度降低到初始温度或室温而消失。因此，塑性应变是固有应变中的最主要部分，它可以通过实验测量或者热-弹-塑性有限元分析得到。

$$\varepsilon = \varepsilon^e + \varepsilon^T + \varepsilon^p + \varepsilon^c + \varepsilon^{tr} \tag{1-1}$$

$$\varepsilon^{in} = \varepsilon - \varepsilon^e = \varepsilon^T + \varepsilon^p + \varepsilon^c + \varepsilon^{tr} \tag{1-2}$$

每个位置因加热而产生的塑性（固有）应变是由在此处达到的焊接最高温度以及周围材料提供的约束确定的。图 1-7 显示了垂直于焊缝的一个横断面上纵向和横向塑性（固有）应变的典型分布的计算结果。

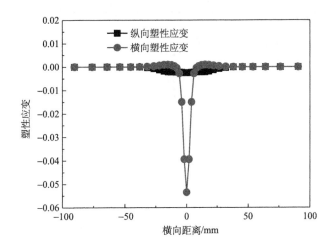

图 1-7　焊接接头中横截面上的塑性（固有）应变的分布情况

2. 固有变形

　　由于固有应变在焊缝附近分布较为集中的特性和焊缝附近足够细的有限元网格的要求，采用基于弹性有限元分析的固有应变法直接预测结构的残余应力和焊接变形是不易实现的，从实际角度来看是不可取的。因此提出了固有变形，其基于这样的假设：板架结构中的焊接接头在焊接过程中垂直于焊缝的每个横截面上具有一定量的固有变形。

　　然后采用一个固有变形值来代替每个横截面上的固有应变的分布来进行弹性分析。由于位移或变形是应变的积分，固有变形是固有应变的积分，因此用固有变形来预测焊接变形不会有明显的精度损失。与固有应变类似，固有变形主要取决于接头类型、材料特性、板厚度和焊接热输入。如果板的尺寸足够大，则焊接接头长度和宽度的影响很小[66]。当忽略端部效应时，固有变形的各分量可以近似为沿焊缝的恒定值。这些常数值作为载荷（力、位移和力矩）加载到弹性壳单元模型中预测焊接变形，计算结果与实验测量结果一致。固有变形可以通过在垂直于焊缝的横截面上的固有应变的积分计算得到，其可以分为四个部分：纵向固有收缩变形、横向固有收缩变形、纵向固有弯曲变形和横向固有弯曲变形。

　　对于弹性刚体的任意单元，力可用如下方程式表示：

$$\mathrm{d}F = \sigma \mathrm{d}A = E \times \varepsilon \mathrm{d}A \tag{1-3}$$

对于焊接接头，纵向（沿焊缝方向）收缩力 F_{tendon} 可以被计算出来。

$$F_{\mathrm{tendon}} = \iint E \times \varepsilon_{\mathrm{longitudinal}}^{*} \mathrm{d}y\mathrm{d}z = E \times h \times \frac{1}{h} \iint \varepsilon_{\mathrm{longitudinal}}^{*} \mathrm{d}y\mathrm{d}z = E \times h \times \delta_{\mathrm{longitudinal}}^{*} \tag{1-4}$$

$$\delta_{\mathrm{longitudinal}}^{*} = \frac{1}{h} \iint \varepsilon_{\mathrm{longitudinal}}^{*} \mathrm{d}y\mathrm{d}z \tag{1-5}$$

然后应用位移与应变的关系，可以得到在横向方向（垂直焊缝方向）上的应变：

$$\varepsilon_{\mathrm{transverse}}^{*} = \frac{\partial v}{\partial y} \tag{1-6}$$

$$v = \int \varepsilon_{\mathrm{transverse}}^{*} \mathrm{d}y = \frac{1}{h} \iint \varepsilon_{\mathrm{transverse}}^{*} \mathrm{d}y\mathrm{d}z = \delta_{\mathrm{transverse}}^{*} \tag{1-7}$$

式中，v、$\varepsilon_{\mathrm{transverse}}^{*}$、$\delta_{\mathrm{transverse}}^{*}$ 分别表示横向位移函数、横向固有应变和横向固有变形。在横向方向上，固有变形值与位移相差很小。以厚度为 h 和宽度为 b 的对接焊接结构为例，考虑固有的弯曲变形。弯曲力矩产生的横向曲率如下：

$$K_{\mathrm{transverse}} = \frac{1}{R_{\mathrm{transverse}}} = \frac{M_{\mathrm{transverse}}}{EI} \tag{1-8}$$

式中，$K_{\mathrm{transverse}}$ 表示横向曲率；$R_{\mathrm{transverse}}$ 表示横向曲率半径；$M_{\mathrm{transverse}}$ 表示弯矩；$I = \frac{bh^{3}}{12}$，表示弯曲刚度。在如图 1-8 所示的无限小的面积 $\mathrm{d}A$ 内，可以利用对应的固有应变和到中性轴处的距离来计算弯矩，如式（1-9）所示。然后，这个无限小区域的弯曲角度如式（1-10）所示，这个焊接结构的固有角变形便可以得到，即横向固有弯曲变形，如式（1-11）所示。

$$\mathrm{d}M = \left(z - \frac{h}{2}\right) \times \mathrm{d}F = \left(z - \frac{h}{2}\right) \times E \times \varepsilon^{*} \mathrm{d}A \tag{1-9}$$

$$\mathrm{d}\theta = b \times \frac{\mathrm{d}M}{EI} = \frac{\left(z - \dfrac{h}{2}\right) \times b \times \varepsilon^{*} \mathrm{d}A}{I} \tag{1-10}$$

$$\theta_{\mathrm{transverse}}^{*} = \frac{1}{h^{3}/12} \iint \varepsilon_{\mathrm{transverse}}^{*} \times \left(z - \frac{h}{2}\right) \mathrm{d}y\mathrm{d}z \tag{1-11}$$

式中，$z-\dfrac{h}{2}$ 表示到中性轴的距离。

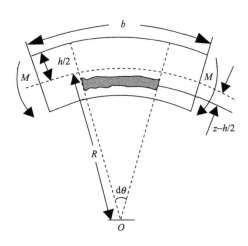

图 1-8 弯矩和曲率之间的关系图

因此，焊接结构的四个固有变形分量总结如下：

$$\delta_{\text{longitudinal}}^{*}=\frac{1}{h}\iint \varepsilon_{\text{longitudinal}}^{*}\mathrm{d}y\mathrm{d}z$$

$$\delta_{\text{transverse}}^{*}=\frac{1}{h}\iint \varepsilon_{\text{transverse}}^{*}\mathrm{d}y\mathrm{d}z$$

$$\theta_{\text{longitudinal}}^{*}=\frac{12}{h^{3}}\iint\left(z-\frac{h}{2}\right)\varepsilon_{\text{longitudinal}}^{*}\mathrm{d}y\mathrm{d}z$$

$$\theta_{\text{transverse}}^{*}=\frac{12}{h^{3}}\iint\left(z-\frac{h}{2}\right)\varepsilon_{\text{transverse}}^{*}\mathrm{d}y\mathrm{d}z$$

（1-12）

式中，$\varepsilon_{\text{longitudinal}}^{*}$ 和 $\varepsilon_{\text{transverse}}^{*}$ 分别为纵向和横向固有应变；$\delta_{\text{longitudinal}}^{*}$ 和 $\delta_{\text{transverse}}^{*}$ 分别为纵向和横向固有变形；$\theta_{\text{longitudinal}}^{*}$ 和 $\theta_{\text{transverse}}^{*}$ 分别为纵向和横向固有弯曲变形；h 为焊缝厚度；x、y 和 z 分别为沿焊缝方向、垂直焊缝方向和厚度方向。

固有应变和变形由加热过程中达到的最高温度和周围的母材材料的约束确定。因此，固有变形可以代表焊缝的特征，夹具可视为外部约束，不会影响固有变形，但会影响最终尺寸精度。

如上所述，由于塑性应变是焊接后固有应变的主要成分，固有变形可以通过使用塑性应变按公式（1-12）给出的方程进行积分获得。然而，固有变形的定义是建立在薄板的对接焊接接头上的，式（1-12）中的厚度表示焊接接头的厚度，或薄板结构焊接完全穿透时的板厚。因此，采用上述积分方法无法直接评估角焊接头的固有变形。

　　然而，基于焊接引起的固有变形的物理行为，可以通过两种不同的方法实现角焊接头中固有变形的不同分量的计算，即纵向固有收缩可以转换成 F_{tendon} （纵向固有收缩力），以消除焊接接头厚度的影响，这是纵向强自我约束的结果。这种强的自我约束使得焊接后的纵向固有收缩非常不均匀并且精确地集中在焊缝附近。因此，与施加均匀的收缩或变形相比，使用 F_{tendon} 来表示纵向焊接变形的实际力学性能将更好且更合理。同时，基于力学行为和固有变形其他组成部分的弱自约束，可以通过焊接位移直接评估横向固有收缩和弯矩，纵向弯矩由于其小得多而忽略不计[67]。

　　根据纵向固有变形 $\delta^{*}_{\text{longitudinal}}$ 和 F_{tendon} 定义，它们之间关系如下：

$$F_{\text{tendon}} = \iint E \times \varepsilon^{*}_{\text{longitudinal}} \mathrm{d}A = E \times h \times \frac{1}{h} \iint \varepsilon^{*}_{\text{longitudinal}} \mathrm{d}A = E \times h \times \delta^{*}_{\text{longitudinal}} \qquad （1\text{-}13）$$

式中，$\varepsilon^{*}_{\text{longitudinal}}$ 和 $\delta^{*}_{\text{longitudinal}}$ 分别为纵向固有应变和纵向固有变形；h 为焊缝厚度。

3. 界面单元

　　如果通过焊接连接的所有零件都没有几何误差，并且它们通过具有足够刚度的定位焊完全装配并同时焊接，则焊接结构焊后的最终变形仅由焊接固有变形决定。然而，在大型焊接结构的实际装焊过程中，零件通过重复配合、点焊、正式焊接的顺序进行。在这种情况下，由于焊接变形，已经焊接上的部件不再具有设计的几何形状或尺寸，这会导致间隙和装配阶段的错位。另外，由于切割和成形等几何误差，也可能产生间隙和不对准的情况。如果待焊接的两个部件之间的间隙或不对准超过容许极限，则需要在完全焊接之前的装配过程中对它们进行校正。在这种情况下，整个结构的最终变形受到间隙和未对准及它们在装配过程中校正的影响。因此，应考虑间隙和不对准才能更准确地预测和控制大型结构焊接过程中的变形。通过界面单元可方便地描述待组装零件之间的力学相互作用，即从自由配合到定位焊接和完全焊接状态的演变[68-70]，具体参数如表 1-2 所示。

表 1-2 界面单元参数的建议值（n 由点焊的刚度决定）

装配状态	F_{max}	r_0	K
自由	0.0（10^{-5}）	1000	$K = F_{max} / r_0 = 0$
点焊	10^n	1000	$K = F_{max} / r_0 = 10^{n-3}$
正式焊接	10^{10}	1000	$K = F_{max} / r_0 = 10^7$

本质上，界面单元是非线性弹簧，其布置在待焊接的两板之间，如图 1-9 所示。它的力学性能可以通过图 1-10 和图 1-11 所示的接合力和开口位移曲线（F-δ 曲线）来定义，它们由最大力 F_{max} 和刚度 $K = F_{max} / r_0$ 定义。刚度是用 K、K_0 或 K_c 标记的直线的斜率。详细地，图 1-10 表达了装配间隙扩大和减小的变形模式法线方向上的位移和力之间的关系，其中 δ_N 为正方向位移，F_N 为正方向载荷，δ_G 为正方向的间隙。作为对装配间隙减小方向变形的抵抗力的刚度 K_c 设定得足够大，以防止板之间的穿透。装配间隙扩大方向上的变形的力学性能由刚度 K_0 和最大接合力 F_{max} 限定。当零件自由时，接头的刚度 K_0 设定得很小。

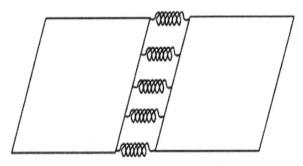

图 1-9 待焊接两板之间的界面单元

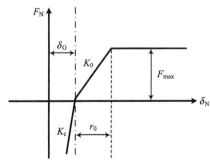

图 1-10 界面单元的力学性能（正方向）

在装配过程中，根据定位焊的类型将刚度 K_0 的值设定为适当的值。在板完全焊接在一起之后，给予 K_0 足够大的值。可根据用于控制间隙设备的最大容量来选择最大接合力 $F_{\max}$ 的值。对于滑动、未对准和旋转变形，$F\text{-}\delta$ 曲线作为奇函数给出，如图 1-11 所示，其中，δ_N 为正方向位移，δ_T 为横向位移，δ_θ 为弯曲弧度，F_N 为正方向载荷，F_T 为横向载荷，F_θ 为弯曲扭转载荷，δ_G 为正方向的间隙。

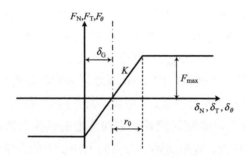

图 1-11　界面单元的力学性能（横向和扭转方向）

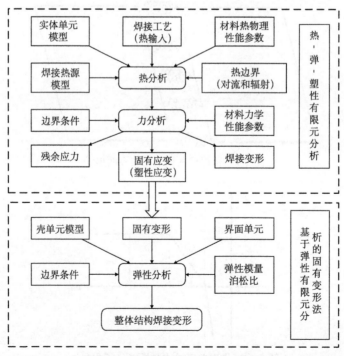

图 1-12　固有变形法计算的流程图

　　基于上述方法，对船舶大型分段的焊接变形预测研究一般分两步进行：第一步为热-弹-塑性有限元分析，通过基于内部代码的三维热-弹-塑性有限元分析计算船体分段中的各典型焊接接头的固有变形。第二步是弹性有限元分析，首先建立船体大型分段的整体壳单元模型，其中在第一步中计算的焊接固有　变形作为载荷，并且利用界面单元综合考虑正式焊接前的装配过程，最后通过弹性分析得到整个船体分段的焊接变形。固有变形法计算的流程图如图 1-12 所示。

第**2**章　20000TEU集装箱船典型结构及实测数据

||||||||||||||||||||||||||||

本章对 20000TEU 超大型集装箱船的水密横舱壁分段和舷侧抗扭箱分段两个关键典型复杂结构进行概述，表述结构的整体形式、各组成部件的材质、尺寸及焊接顺序等，给出两分段建造的焊接工艺参数。并在承建船厂对两分段的焊前、焊后变形数据进行实测和整理；最后，根据固有变形的影响因素，对两分段中的典型焊接接头进行汇总。

2.1　横舱壁及抗扭箱结构

20000TEU 集装箱船水密横舱壁的整体结构尺寸如图 2-1 所示。整个横舱壁分段长度为 29790mm，宽度为 16500mm，高度为 1950mm，共包含 92 个部件。该结构是一个复杂的板架结构，底部水密舱壁板由 11 块矩形钢板拼接而成，材料均为 AH32，板厚有多种且分布在 12～16mm，而上层仅由 2 块钢板拼接而成，厚度分别为 15mm 和 13mm；38 根 L 形角钢焊接在底部水密舱壁板上面，其中角钢是连续的，角钢尺寸有两种，分别为 150mm×90mm×9mm 和 200mm×90mm×9mm，材质为 AH32；在船宽方向上有 17 块加筋板，其中前 3 块在整个分段上连续，板厚分别为 16mm、10mm、10mm，船深方向上的筋板在此处断开，剩下的 14 块加筋板尺寸较小，板厚均为 10mm。在船深方向上，中间有 3 条横跨整个分段的长加筋板及两侧 2 条短加筋板，这 5 条筋板由 24 块矩形钢板拼接而成，且上面有

37 个腰圆形开孔，开孔尺寸为 1820mm×600mm。横舱壁结构实物如图 2-2 所示。

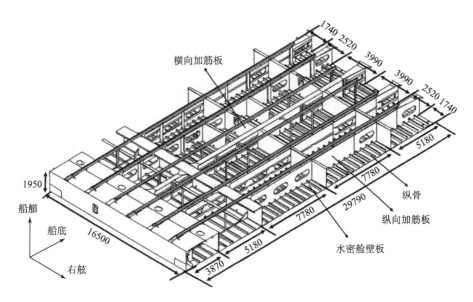

图 2-1　水密横舱壁整体结构尺寸图（单位：mm）

（a）横舱壁结构局部图

（b）横舱壁结构整体图

图 2-2　横舱壁结构实物图

对于这样一个复杂的横舱壁结构，船厂最常用的建造流程是小组立→中组立→大组立→合拢焊逐步拼接的过程，各类组立的模型及装配顺序如图 2-3～图 2-6 所示。大组立有两个，代号分别为 TB111A 和 TB111B，其中 TB111B 分段可使用流水线建造，建造程序：水密横舱壁拼板→装焊舱壁纵骨→安装横纵加筋板→分段移出流水线，在胎架上呈水平状态。最后将两个大组立通过合拢焊装配成横舱壁结构。船厂按照这样的顺序进行建造，主要是从建造效率方面考虑，尤其是很多尺寸较大的规整的组立可以进行流水化作业，但建造精度方面控制得不是很理想。这也是本书需要关注的问题，如何从焊接顺序及分段的拆解方式上入手，以达到最小的面外焊接变形。

20000TEU 集装箱船舷侧抗扭箱的整体结构尺寸如图 2-7 所示。整个抗扭箱分段的长度为 18500mm，宽度为 7310mm，高度为 3500mm，共包含 60 个部件。该结构为双层舷侧结构，内外舱壁板上都焊有纵骨，中间由多个横向和纵向的加筋板作为支撑，并且舱口围附近的钢板厚度达到 80～85mm，给建造精度的控制带来了巨大的挑战。其中，内、外舱壁板（上、下底板）均由 4 块不等厚矩形钢板拼接而成（85mm 和 60mm），并有 3 根舷侧纵桁焊接在上面，每根纵桁由 2 块矩形钢板拼接而成，共有两种尺寸，分别为 500mm×85mm 及 350mm×40mm。上甲板由 3 块 85mm 厚的钢板拼接而成，下方焊有 2 根大尺寸甲板纵桁，每根纵桁由 2

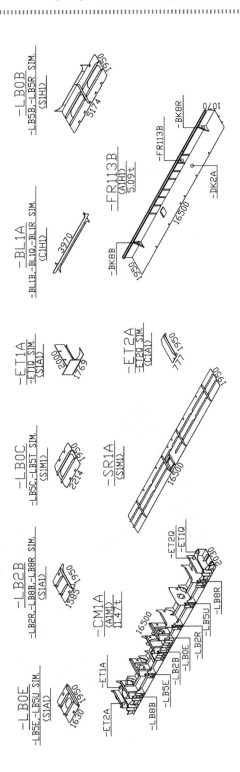

图 2-3　横舱壁小组立装焊

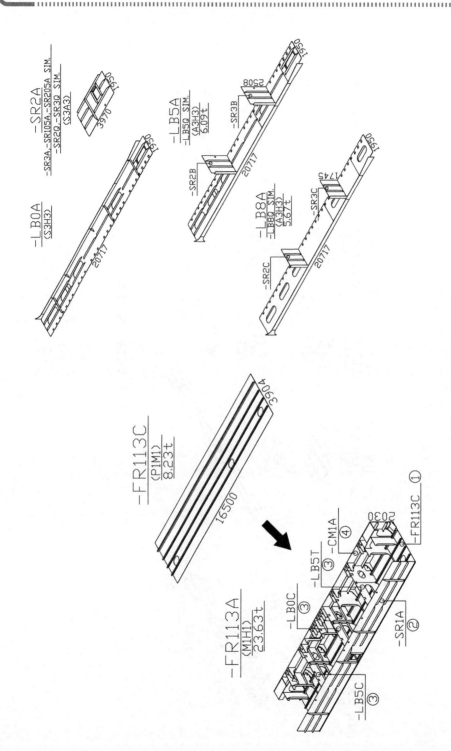

图 2-4　横舱壁中组立装焊

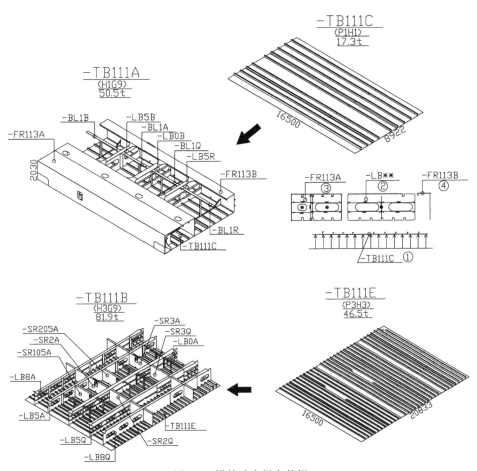

图 2-5　横舱壁大组立装焊

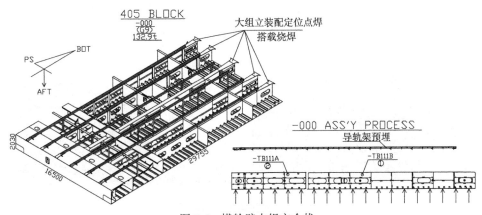

图 2-6　横舱壁大组立合拢

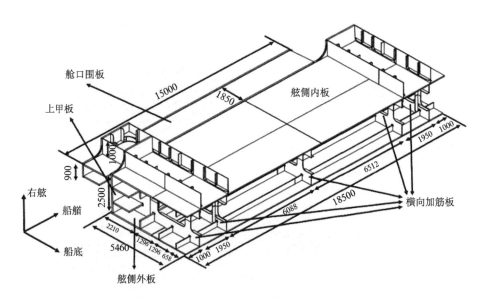

图 2-7　抗扭箱整体结构尺寸图

块矩形钢板拼接而成，尺寸为 1200mm×85mm。在船宽方向上，有 5 块加筋板，每一个横向加筋板均由 3 块钢板拼接而成，钢板厚度在 13~18mm，材质均为 AH32。横向加筋板上有多个贯穿孔以保证纵向部件的连续性，以及尺寸较大的圆角矩形减轻孔，尺寸为 1992mm×1070mm×200mm。抗扭箱结构实物图如图 2-8 所示。板厚较厚（60~85mm）的区域主要集中在内外舷侧板、上甲板、甲板纵桁及舱口围板附近，如图 2-9 所示。对于这种复杂的船体结构，包含部件众多，焊缝达百条以上，即使是将模型简化后再使用热-弹-塑性有限元法预测整体结构的焊接变形也是很困难的，但若使用粗糙壳单元的弹性有限元分析便可以快速预测整体焊接变形。

图 2-8　抗扭箱结构实物图

图 2-9　抗扭箱结构舱口围加强区

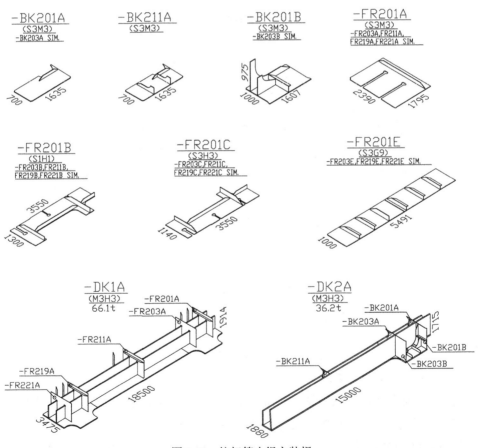

图 2-10　抗扭箱小组立装焊

对于这样一个复杂的抗扭箱结构，船厂最常用的建造流程为小组立→中组立→大组立→合拢焊逐步拼接的过程，各类组立的模型及装配顺序如图 2-10～图 2-12 所示。大组立有 3 个，代号分别为 LB1A、SS1A 和 FR2**E，其中 SS1A 组立可使用流水线建造，建造程序：舷侧外板拼板→装焊舷侧纵骨→安装横向加筋板→分段移出流水线，在搁凳上呈水平状态，最后将 3 个大组立通过合拢焊装配成抗扭箱结构。

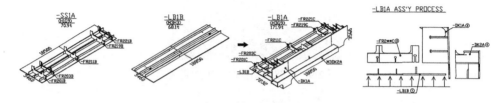

图 2-11　抗扭箱中组立装焊

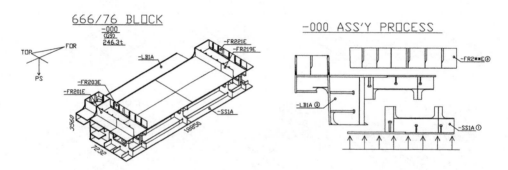

图 2-12　抗扭箱大组立合拢

2.2　焊接变形实测数据

根据横舱壁和抗扭箱结构的建造过程，结合相关工艺设计规范，获取了两组重要的数据：焊接时的焊接工艺规程（welding procedure specification，WPS）和焊后的实测变形数据。WPS 文件共有 4 份，详细表述了在不同焊接坡口形式及板厚的情况下应使用的焊接方法、焊接电流、电压、速度、热输入等参数。横舱壁结构和抗扭箱结构所使用的焊接方法有两种：药芯焊丝电弧焊（flux cored wire arc welding，FCWAW）法和埋弧焊（submerged arc welding，SAW）法。SAW 法一般用于操作空间较大、部件规整的流水化自动拼板作业，如图 2-13（a）所示，而 FCWAW 法多用于操作空间小、部件不规则的半自动或手工作业，如图 2-13（b）所示。详细的焊接工艺参数分别如表 2-1 和表 2-2 所示。

（a）SAW 法焊接现场　　　　　　　　　　（b）FCWAW 法焊接现场

图 2-13　两种不同焊接工艺现场

表 2-1　FCWAW 法焊接工艺参数

焊接形式	焊材直径/mm	焊材牌号/mm	电流极性	电流/A	电压/V	速度/（mm/min）	热输入/（kJ/mm）
打底焊	1.2	GFR-81K2	DCEP	185～210	24～27	95～120	2.21～3.69
填充焊	1.2	GFR-81K2	DCEP	230～260	25～29	300～375	0.92～1.53
盖面焊	1.2	GFR-81K2	DCEP	220～250	25～29	305～380	0.86～1.44

表 2-2　SAW 法焊接工艺参数

焊接形式	焊材直径/mm	焊材牌号/mm	电流极性	电流/A	电压/V	速度/（mm/min）	热输入/（kJ/mm）
打底焊	4.0	OK Autrod 13.27	DCEP	520～590	25～29	340～420	1.84～3.07
填充焊	4.0	OK Autrod 13.27	DCEP	660～750	28～35	440～510	2.17～3.61
盖面焊	4.0	OK Autrod 13.27	DCEP	650～730	29～34	400～500	2.25～3.75

　　两个典型分段的焊后实测变形数据通过全站仪测得。当完成对分段的实际焊接后，采用全站仪对分段焊接变形结果进行数据采集，图 2-14 为全站仪扫描分段过程，完成数据的采集之后，对采集的数值进行模型重构。最终，通过全站仪扫

描的图像数据与设计的三维模型进行对比分析得出焊接分段的实际变形结果，并将结果汇总成精度检查测量表，如图 2-15 所示。表中每个测量点有 X、Y、Z 三个坐标值，其后括号内的数值为焊后全站仪实际测量值与设计模型比对后的偏差值（即焊前和焊后的变形偏差值）。

图 2-14　使用全站仪采集焊后变形数据

2.2.1　横舱壁焊接变形实测数据

根据两艘 20000TEU 超大型集装箱船横舱壁结构精度检查测量表，按照各测量点的分布位置，遴选出数据集中的 7 条线，如图 2-15 所示，即横舱壁结构上、下两层的四周边界，对这 7 条线上测量点的焊前和焊后变形进行汇总，如表 2-3～表 2-9 所示。这些横舱壁结构的焊接变形实测值，是与后续数值模拟预测结果进行对比和分析的关键。

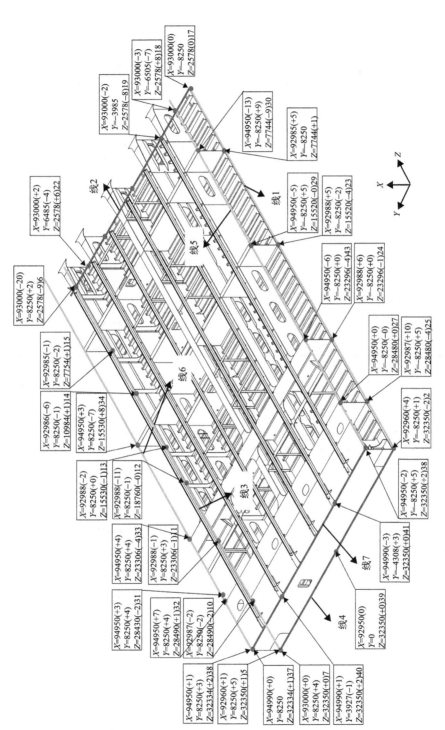

图 2-15　横舱壁结构精度检查测量表及线 1～线 7 位置示意图

表 2-3　两艘同型号船的横舱壁结构在线 1 上的焊接变形实测值

测量点坐标/mm	船号-1			船号-2		
	焊前尺寸 /mm	焊后尺寸 /mm	变形量 /mm	焊前尺寸 /mm	焊后尺寸 /mm	变形量 /mm
0	92960	92964	4	93000	93001	1
1997				93000	92999	−1
3870	92987	92997	10	93000	93000	0
9054	92988	92994	6	93000	93001	1
12303				93000	92995	−5
16830	92988	92993	5	93000	92998	−2
20727				93000	92990	−10
24606	92985	92990	5	93000	92995	−5
29151				93000	92995	−5
29772	93000	93000	0	93000	93008	8

表 2-4　两艘同型号船的横舱壁结构在线 2 上的焊接变形实测值

测量点坐标 /mm	船号-1			船号-2		
	焊前尺寸 /mm	焊后尺寸 /mm	变形量 /mm	焊前尺寸 /mm	焊后尺寸 /mm	变形量 /mm
−8250	93000	93000	0	93000	93008	8
−6505	93000	92997	−3	93000	93002	2
−3985	93000	92998	−2	93000	92998	−2
0				93000	92997	−3
3963				93000	92997	−3
6485	93000	93002	2	93000	93003	3
8250	93000	92980	−20			

表 2-5   两艘同型号船的横舱壁结构在线 3 上的焊接变形实测值

测量点坐标 /mm	船号-1			船号-2		
	焊前尺寸 /mm	焊后尺寸 /mm	变形量 /mm	焊前尺寸 /mm	焊后尺寸 /mm	变形量 /mm
0	92960	92961	1	92960	92959	−1
2000				92970	92986	16
3860	92987	92985	−2	92987	92986	−1
9044	92988	92987	−1	92988	92989	1
13590	92988	92977	−11	92988	92985	−3
16820	92988	92986	−2	92988	92982	−6
21366	92986	92980	−6			
24596	92985	92984	−1	92985	92986	1
28494				93000	92991	−9
29772	93000	92980	−20	93000	92997	−3

表 2-6   两艘同型号船的横舱壁结构在线 4 上的焊接变形实测值

测量点坐标 /mm	船号-1			船号-2		
	焊前尺寸 /mm	焊后尺寸 /mm	变形量 /mm	焊前尺寸 /mm	焊后尺寸 /mm	变形量 /mm
8250	93000	93000	0	93000	93001	1
3960				92960	92968	8
0	92958	92958	0	92960	92962	2
−8250				92960	92966	6

表 2-7   两艘同型号船的横舱壁结构在线 5 上的焊接变形实测值

测量点坐标 /mm	船号-1			船号-2		
	焊前尺寸 /mm	焊后尺寸 /mm	变形量 /mm	焊前尺寸 /mm	焊后尺寸 /mm	变形量 /mm
0	94950	94948	−2	94965	94965	0
2000				94950	94960	10

续表

测量点坐标 /mm	船号-1			船号-2		
	焊前尺寸 /mm	焊后尺寸 /mm	变形量 /mm	焊前尺寸 /mm	焊后尺寸 /mm	变形量 /mm
3870	94950	94950	0	94950	94954	4
3920				94950	94951	1
9054	94950	94944	−6			
16830	94950	94945	−5			
24606	94950	94937	−13			

表 2-8　两艘同型号船的横舱壁结构在线 6 上的焊接变形实测值

测量点坐标 /mm	船号-1			船号-2		
	焊前尺寸 /mm	焊后尺寸 /mm	变形量 /mm	焊前尺寸 /mm	焊后尺寸 /mm	变形量 /mm
16	94950	94951	1	94950	94951	1
2000				94950	94943	−7
3860	94950	94957	7	94950	94950	0
3920	94950	94953	3	94950	94949	−1
9044	94950	94954	4			
16820	94950	94953	3			

表 2-9　两艘同型号船的横舱壁结构在线 7 上的焊接变形实测值

测量点坐标 /mm	船号-1			船号-2		
	焊前尺寸 /mm	焊后尺寸 /mm	变形量 /mm	焊前尺寸 /mm	焊后尺寸 /mm	变形量 /mm
8250	94990	94990	0	94990	94990	0
3927	94990	94991	1			
4674				94996	94996	0
0				94990	94992	2
−4212				94990	94989	−1
−4308	94990	94987	−3			
−8250				94990	94990	0

2.2.2　抗扭箱焊接变形实测数据

根据船号为 1 和 2 的两艘同型号船的抗扭箱结构精度检查测量表，按照各测量点的分布位置，遴选出数据集中的 6 条线，如图 2-16 所示，即抗扭箱结构上、下两层的四周边界，对这 6 条线上测量点的焊前和焊后变形进行汇总，如表 2-10～表 2-15 所示。这些抗扭箱结构的焊接变形实测值，是与后续数值模拟结果进行对比与分析的关键。

表 2-10　两艘同型号船的抗扭箱结构在线 1 上的焊接变形实测值

测量点坐标 /mm	船号-1			船号-2		
	焊前尺寸 /mm	焊后尺寸 /mm	变形量 /mm	焊前尺寸 /mm	焊后尺寸 /mm	变形量 /mm
−112	26800	26806	6	26800	26794	−6
658	26800	26798	−2	26860	26854	−6
3250	26800	26787	−13	26885	26881	−4
5348	26800	26800	0	26800	26800	0
7198	26880	26863	−17	26800	26800	0

表 2-11　两艘同型号船的抗扭箱结构在线 2 上的焊接变形实测值

测量点坐标 /mm	船号-1			船号-2		
	焊前尺寸 /mm	焊后尺寸 /mm	变形量 /mm	焊前尺寸 /mm	焊后尺寸 /mm	变形量 /mm
0	26800	26806	6	26800	26794	−6
1000	26700	26703	3	26800	26800	0
2950	26800	26802	2	26800	26796	−4
9038	26800	26797	−3	26800	26795	−5
15550	26800	26805	5	26800	26799	−1
17500	26800	26803	3	26800	26794	−6
18500	26800	26800	0	26800	26792	−8

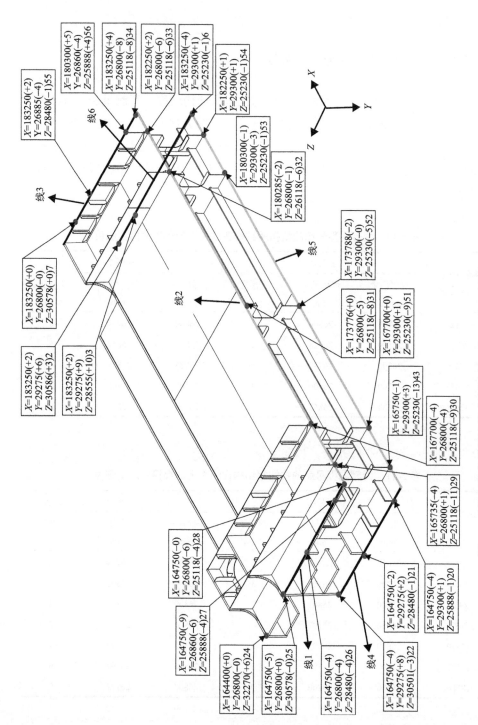

图 2-16 抗扭箱结构精度检查测量表及线 1~线 6 位置示意图

表 2-12　两艘同型号船的抗扭箱结构在线 3 上的焊接变形实测值

测量点坐标 /mm	船号-1			船号-2		
	焊前尺寸 /mm	焊后尺寸 /mm	变形量 /mm	焊前尺寸 /mm	焊后尺寸 /mm	变形量 /mm
−112	26800	26800	0	26800	26792	−8
658				26860	26856	−4
3250				26885	26881	−4
3335	26800	26792	−8			
5348	26800	26800	0	26800	26800	0

表 2-13　两艘同型号船的抗扭箱结构在线 4 上的焊接变形实测值

测量点坐标 /mm	船号-1			船号-2		
	焊前尺寸 /mm	焊后尺寸 /mm	变形量 /mm	焊前尺寸 /mm	焊后尺寸 /mm	变形量 /mm
0	29300	29302	2			
658	29300	29303	3	29300	29301	1
3250	29275	29265	−10	29275	29277	2
5270	29275	29269	−6	29275	29283	8
5460	29275	29268	−7	29275	29284	9

表 2-14　两艘同型号船的抗扭箱结构在线 5 上的焊接变形实测值

测量点坐标 /mm	船号-1			船号-2		
	焊前尺寸 /mm	焊后尺寸 /mm	变形量 /mm	焊前尺寸 /mm	焊后尺寸 /mm	变形量 /mm
0	29300	29302	2			
1000	29300	29301	1	29300	29303	3
2950	29300	29299	−1	29300	29301	1
9038	29300	29298	−2	29300	29300	0
15550	29300	29308	8	29300	29297	−3
17500	29300	29304	4	29300	29301	1
18500	29300	29303	3	29300	29301	1

表 2-15　两艘同型号船的抗扭箱结构在线 6 上的焊接变形实测值

测量点坐标/mm	船号-1			船号-2		
	焊前尺寸/mm	焊后尺寸/mm	变形量/mm	焊前尺寸/mm	焊后尺寸/mm	变形量/mm
0	29300	29303	3	29300	29301	1
3250	29275	29276	1	29275	29284	9
5270	29275	29279	4	29275	29281	6
5460	29275	29279	4	29275	29280	5

2.3　典型焊接接头汇总

横舱壁和抗扭箱船体分段在建造过程中为了保证结构的强度与密封性，其焊接接头的形式多种多样，同时结合固有变形的影响因素，按照坡口形式、板厚、材料属性、焊接工艺参数的不同，总结出所有典型焊接接头。例如，横舱壁水密舱壁板由 11 块钢板拼接而成，这 11 块钢板材质相同且都为 AH32，厚度虽不尽相同，却都在 12～16mm，相差较小，具体如图 2-17 方框中数字所示。因此，为了节省计算时间，对板厚进行简化：前 7 块钢板厚度简化为 12mm，后 4 块钢板厚度简化为 16mm。简化后，底板上的典型焊接接头仅为三个：12mm 钢板对接焊、12mm 和 16mm 不等厚钢板对接焊、16mm 钢板对接焊。由图纸上板缝标号可知，这三个焊接接头的坡口形式为 FYS，分别记为 B1、B2、B3，详见表 2-16。

同样对横舱壁和抗扭箱结构中厚度接近的钢板板厚进行简化，可知典型接头主要包括对接焊接接头和角接焊接接头（包括 T 形焊缝）两种基本形式。总结出典型对接焊接接头共有 14 个，钢材等级有 AH32、DH32、AH36、DH40 和 EH40 五种，坡口形式有 7 种，代号分别为 FYS（FCWAW 法 Y 形坡口）、COVN（CO_2气体保护单面焊 V 形坡口）、AI（FCWAW 法 I 形坡口）、AXS（埋弧自动焊 X 形坡口）、COXS（CO_2气体保护焊 X 形坡口）、COVN/3（CO_2气体保护焊不对称 V 形坡口）、AYN（自动焊 Y 形坡口）。其中，坡口形式同为 FYS 又根据板厚的不同分为 B1（12mm+12mm）、B2（12mm+16mm）、B3（16mm+16mm），依此类推，14 个典型对接焊接接头详情见表 2-16。

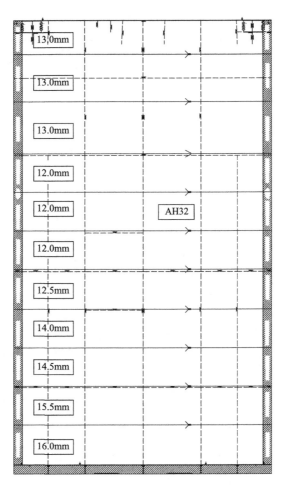

图 2-17　横舱壁水密舱壁板上的典型焊接接头

表 2-16　典型对接焊接接头汇总

接头代号	坡口代号	坡口形状	母材厚度（左-右）/mm	钢材等级	焊道数	焊接工艺
B1	FYS		12-12	AH32	3	FCWAW
B2	FYS		12-16	AH32	4	FCWAW
B3	FYS		16-16	AH32	6	FCWAW

接头 代号	坡口 代号	坡口形状	母材厚度 （左-右） /mm	钢材 等级	焊道数	焊接 工艺
B4	COVN		10-10	AH32	3	FCWAW
B5	AI		10-14	AH32	3	FCWAW
B6	AI		14-22	AH32	4	FCWAW
B7	AXS		85-85	EH40	18	SAW
B8	AXS		60-60	DH32	10	SAW
B9	AXS		85-60	DH32	10	SAW
B10	COXS		85-85	AH36	54	FCWAW
B11	COXS		40-40	AH32	18	FCWAW
B12	COVN/3		14-14	AH32	6	FCWAW

续表

接头代号	坡口代号	坡口形状	母材厚度（左-右）/mm	钢材等级	焊道数	焊接工艺
B13	AYN		15-18	AH32	3	FCWAW
B14	AI		15-20	AH32	4	FCWAW

　　总结出典型角接焊接接头共有 16 个，钢材等级有 AH32、DH32、EH40 和 EH47 四种，坡口形式有 2 种，代号分别为 FP（全熔透角接焊）、PP（部分熔透角接焊）。其中，坡口形式同为 FP 又根据板厚的不同分为 T1（9mm+14mm）、T2（10mm+13mm）、T3（13mm+16mm）。另外，坡口形式同为 PP 且板厚相同的情况下，则根据焊脚尺寸的不同分为 T9（80mm+80mm+15mm）、T12（80mm+80mm+20mm）、T13（80mm+80mm+27mm），依此类推，16 个典型角接焊接接头详情见表 2-17。

表 2-17　典型角接焊接接头汇总

接头代号	坡口代号	坡口形状	母材厚度（腹-翼）/mm	钢材等级	焊脚尺寸/mm	焊道数	焊接工艺
T1	FP		9-14	AH32	无	4	FCWAW
T2	FP		10-13	AH32	无	4	FCWAW
T3	FP		13-16	AH32	无	7	FCWAW
T4	FP		22-16	AH32	无	16	FCWAW
T5	FP		13-60	AH32	无	6	FCWAW
T6	FP		15-60	AH32	无	8	FCWAW
T7	FP		18-80	EH40	无	10	FCWAW
T8	FP		20-70	DH32	无	12	FCWAW

接头代号	坡口代号	坡口形状	母材厚度（腹-翼）/mm	钢材等级	焊脚尺寸/mm	焊道数	焊接工艺
T9	PP		80-80	EH47	15	10	FCWAW
T10	PP		85-85	EH40	15	10	FCWAW
T11	PP		85-85	EH40	20	18	FCWAW

续表

接头代号	坡口代号	坡口形状	母材厚度（腹-翼）/mm	钢材等级	焊脚尺寸/mm	焊道数	焊接工艺
T12	PP		80-80	EH47	20	18	FCWAW
T13	PP		80-80	EH47	27	30	FCWAW
T14	PP		85-85	EH40	18	14	FCWAW

续表

接头代号	坡口代号	坡口形状	母材厚度（腹-翼）/mm	钢材等级	焊脚尺寸/mm	焊道数	焊接工艺
T15	PP	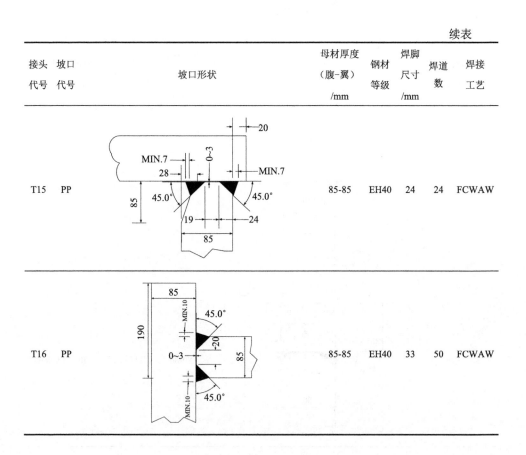	85-85	EH40	24	24	FCWAW
T16	PP		85-85	EH40	33	50	FCWAW

2.4　本　章　小　结

本章对 20000TEU 超大型集装箱船水密横舱壁分段和舷侧抗扭箱分段进行了详细的分析，包括整体结构尺寸、各组成部件的材质、尺寸和船厂常规的焊接顺序等；介绍了典型结构建造的焊接工艺：FCWAW 法和 SAW 法，并根据焊接精度检查测量表整理出两分段的焊后变形数据；并根据板厚、坡口形式、材质、焊接工艺参数的不同，对两分段中的典型焊接接头进行汇总分析，为后续建立固有变形数据库提供了重要参数。

第**3**章 固有变形数据库建立

||||||||||||||||||||||||||||

在应用弹性有限元分析计算整体结构的焊接变形之前，须先建立固有变形数据库。由于焊接固有变形仅与材料、接头形式、厚度和焊接工艺参数等相关，因此只需针对典型接头，开展焊接实验或热-弹-塑性有限元分析，便能准确获取接头的固有变形。固有变形可通过实验测量或热-弹-塑性有限元分析获取，本书采用后种方法：提取出结构中所有的典型焊接接头，分别进行实体（solid）单元建模，然后通过采用并行计算技术的高效热-弹-塑性有限元分析计算各个典型焊接接头的固有应变（塑性应变），再将垂直于焊缝的横断面上的固有应变进行积分便建立起整个结构的固有变形数据库，最后对获得的大量固有变形数据进行规律分析和总结。

3.1 典型接头的实体单元模型

采用热-弹-塑性有限元法模拟焊接过程主要包括实体单元网格模型的建立、材料属性和热源模型的定义、焊接工艺参数的设置、计算求解及后处理等过程。首先，对第 2 章总结的典型焊接接头进行实体单元网格划分，并根据船用钢材料的性能定义焊接母材，对典型接头的模型设置边界条件和焊接工艺参数，最终求解得出结果。

3.1.1 焊接材料属性和边界条件

在有限元热力耦合及响应分析中，材料的热物理性能参数对计算结果的影响很大。而金属材料的热物理性能是非线性的，即随着温度的变化而变化，所以探明在不同温度下的材料热物理性能参数显得相当重要。

众多典型焊接接头中，材料多为 AH32 等级船用钢，其主要化学成分及质量分数[71]如表 3-1 所示。

表 3-1　AH32 等级船用钢的主要化学成分及质量分数

化学成分	C	Si	Mn	P	S	Al	Nb
质量分数/%	0.128	0.28	1.263	0.0243	0.0141	0.0385	0.0238

AH32 的热物理性能参数包括导热系数、比热、密度、杨氏模量、泊松比、屈服强度、线膨胀系数，在低温区可参考相关材料性能手册获取，而在高温区由于测量难度大，测量数据不全，主要借鉴 JMatPro 专业软件的相关数据，并插值获得。AH32 等级船用钢的热物理性能参数如图 3-1 所示。

焊接求解中高度的非线性，使得焊接数值仿真过程收敛困难，为了防止焊接数值解析中由于不收敛发生刚性位移，使计算失败，要对焊接求解模型设置约束条件。这里约束模型的刚体位移，固定每个典型焊接接头有限元模型 4 个角点中的 3 个，共 6 个自由度，保证其可以自由变形。即约束 *A* 点的 *X*、*Y*、*Z* 自由度，*B* 点的 *Y*、*Z* 自由度和 *C* 点的 *Z* 自由度，如图 3-2 所示。

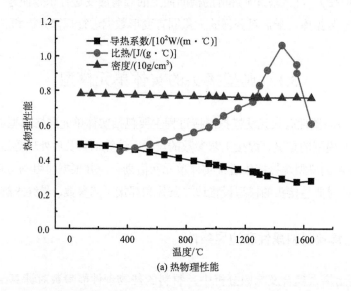

(a) 热物理性能

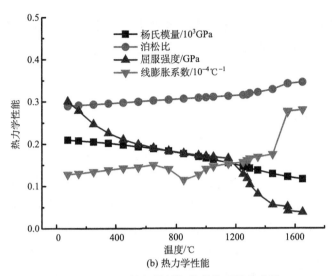

(b) 热力学性能

图 3-1 AH32 等级船用钢的热物理性能参数

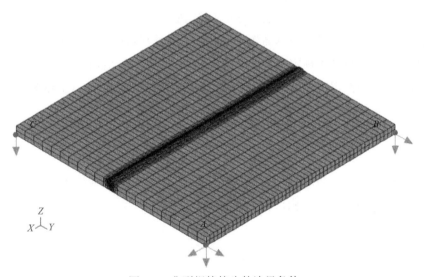

图 3-2 典型焊接接头的边界条件

对于多层多道焊的数值模拟计算，在计算分析前建模时，可网格划分所有焊道区域，基于 dummy 单元技术，将未焊接熔敷填充的焊道单元通过程序改变其热物理性能参数，设置为死亡单元，使其不能传导焊接热量，也不能影响焊接接头的刚度和拘束度；而当该焊道单元熔敷填充时，重新激活相对应的热物理性能参数，设置为重生单元，参与相关的温度和力学计算，从而实现多层多道焊接过程的数值模拟。焊接时采用的工艺参数如表 2-1 和表 2-2 所示，主要有 FCWAW 和 SAW 两种焊接方法。

3.1.2　热源模型

焊接瞬态温度场分布主要依赖于焊接热能的分布和焊接件的热传导。因而，采用有限元方法对焊接过程进行数值计算，首先要对实现焊接过程的热源进行有效确定，对熔化焊而言，热源模型是对熔化焊接热能特征及其与工件作用后在工件上分布的数学表达。热源模型能否准确表达焊接热能特征及其在工件上的分布决定了焊接过程的温度场、应力和变形场的计算结果的准确性，科研和工程人员不断研究合适的热源模型来尽可能准确反映焊接热能的特征以及热能与焊接件的相互作用。

不同的焊接方法对应不同的热源物理模型，而本书对象为船体典型焊接接头的多层多道焊接，焊接方法主要是 SAW 和 FCWAW。从高效计算的角度考虑，在确定计算热源模型时应简单高效，热源模型参数尽可能少，因此本书采用均匀体热源，以减少温度场标定和验证时间，从而提升数值计算效率。

均匀体热源假定热量在一定加热体积内是均匀分布的[72]，以生热率的形式进行加载，其表达式为

$$q = \frac{\eta U I}{V} \tag{3-1}$$

式中，q 为生热率，W/m^3；η 为焊接热效率；I 为焊接电流，A；U 为焊接电压，V；V 为热源作用体积，m^3。

3.1.3　有限元模型

有限元网格划分是进行数值模拟分析至关重要的环节，网格划分的好坏将直接影响模型计算的准确性与快速性，如果网格划分得细密、规则、质量好，那么计算结果将更加容易收敛。由于焊缝中心和热影响区的温度梯度大，为了保证计算精度的同时适当提高运算速度，在焊缝及热影响区采用尽量规则、致密的网格，在远离焊缝区域尤其是在母材边缘附近采用尽可能大的网格。

使用商用有限元软件 Patran 建立各典型焊接接头的实体单元模型。首先根据

坡口形式、焊道布置和板厚等信息在 CAD 中画出典型焊接接头的横剖面轮廓，建模时将焊接前未生成的若干焊道预加在模型中。然后将其导入 Patran 中建立横剖面的几何面，并按前述从焊缝到母材边缘网格由密至疏地划分好面网格，再通过拉伸命令将接头横剖面的面网格拉伸为体网格，形成三维模型。最后给每一个焊道和母材赋予单独的属性，用于区分不同的焊道和母材，为后续热-弹-塑性有限元分析做好充分准备。

　　以图 3-3 所示的 B3（FYS+16mm+16mm）典型对接接头为例进行分析研究，该有限元模型共包括 12150 个网格单元、节点数为 14433，焊缝及热影响区的网格尺寸较小，远离焊缝的网格尺寸逐渐增大以减小整个模型的规模，在保证计算精度的同时节省计算时间。

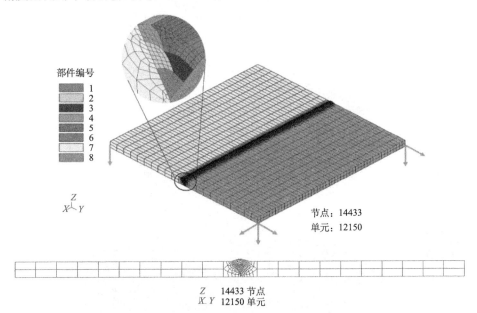

图 3-3　B3（FYS+16mm+16mm）典型对接接头实体单元有限元模型及横剖面网格细节图

　　建模时设定 X 轴方向为焊缝方向，Y 轴为垂直焊缝方向，Z 轴为厚度方向。其中，垂直焊缝方向的模型长度为 300mm，焊缝方向模型长度同为 300mm，划分网格时将 300mm 等分为 30 份，即焊缝长度方向网格尺寸设置为 10mm。不同的焊道及母材用不同的颜色表示，并绘制出每个接头的焊道布置图。通过总结分析，得到典型焊接接头共有 30 个，其中对接接头 14 个，角接接头 16 个。这里挑选 5 个有代表性的典型接头进行分析，如图 3-4 所示。

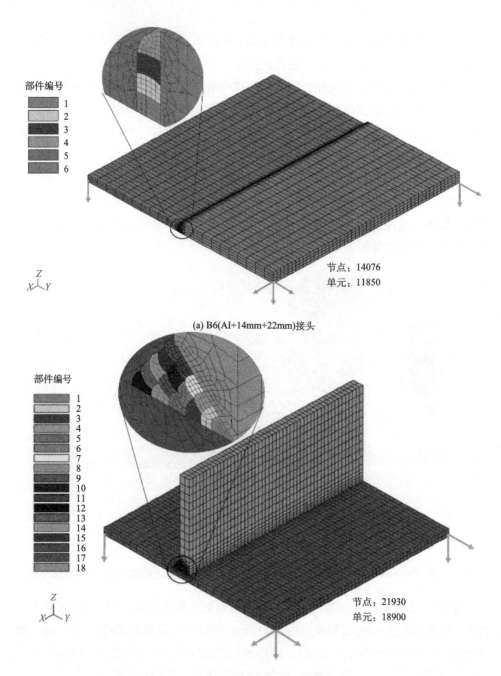

部件编号

1
2
3
4
5
6

节点：14076
单元：11850

Z
X Y

(a) B6(AI+14mm+22mm)接头

部件编号

1
2
3
4
5
6
7
8
9
10
11
12
13
14
15
16
17
18

节点：21930
单元：18900

Z
X Y

(b) T4(FP+22mm+16mm) 接头

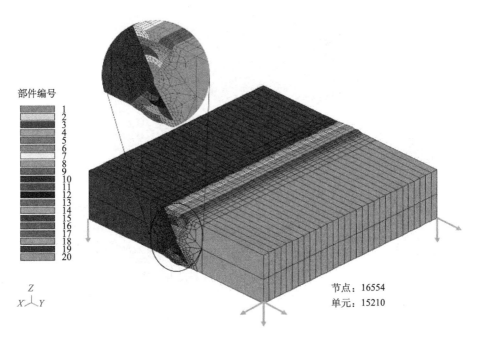

部件编号

1
2
3
4
5
6
7
8
9
10
11
12
13
14
15
16
17
18
19
20

Z

X　Y

节点：16554
单元：15210

(c) B7(AXS+85mm+85mm) 接头

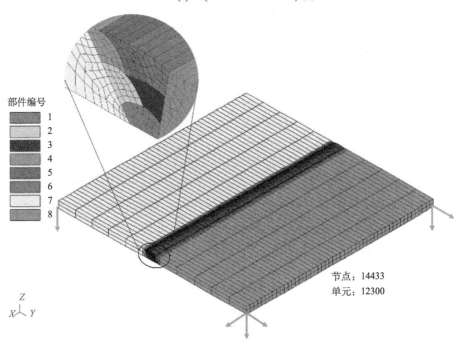

部件编号

1
2
3
4
5
6
7
8

Z

X　Y

节点：14433
单元：12300

(d) B12(COVN/3+14mm+14mm) 接头

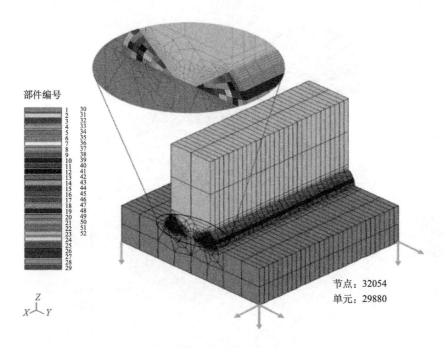

部件编号

节点：32054
单元：29880

Z
X Y

(e) T16(PP+85mm+85mm+33mm) 接头

图 3-4   5 个有代表性的典型接头实体单元有限元模型

由于软件只能显示 29 种颜色，因此，编号大于 29 号部件会重新按照颜色顺序显示

3.2   典型接头的热–弹–塑性有限元计算结果

由于焊接过程是一个快速局部加热随后快速冷却的复杂过程，模拟计算时并不能将所有真实条件都考虑在内，在保证计算精度的前提下，同时综合考虑计算量大小，本书有必要对一些条件进行简化处理，主要的假设：忽略焊缝金属与母材的不一致性，采用统一的热物理性能参数；焊接过程中的工艺参数（焊接电压、焊接电流、热效率、焊接速度等）为常数；忽略焊接过程中相变、高温蠕变等问题。

3.2.1   温度场计算结果

在采用热–弹–塑性有限元分析的热计算过程中，初始温度通常假设为室温

20℃，此外，在有限元模型中还需考虑由于对流和辐射引起的热损失，即结合对流和辐射的边界条件，在模型外表面上产生一个边界热流 q（W/m^2）。加热期间的时间步长将由总计算时间、计算精度和收敛定义，并且在加热完成后，时间步长以指数方式增加，直到计算总时间达到规定的最大值，即冷却过程快速完成以提高计算效率。

　　基于大阪大学联合开发的热-弹-塑性有限元代码分别对每一个典型焊接接头进行焊接仿真计算，对焊接过程温度场分布和变化趋势进行分析。根据船用钢材料的物理性能，其熔点约为 1500℃，将温度场云图标尺最高温度设为 1500℃，红色区域就是焊缝的熔池形状，图 3-5（a）为 B3（FYS+16mm+16mm）典型接头盖面焊的瞬态温度场的分布情况。

　　焊缝稳定阶段的熔池形状可以作为衡量仿真精确度的一个指标，也是进行后续焊接应力变形场分析的前提条件。图 3-5（b）为该接头的焊缝熔池形状，数值计算得到的熔池截面形状与模型中的焊道布置情况相符，因此证明计算结果真实可信。为进一步分析整个焊接过程的温度场分布规律和每个焊道之间的热影响关系，在模型的焊缝处进行取点，分析该节点温度随时间的变化情况，图 3-6 为所选节点在整个焊接过程中的温度循环曲线。

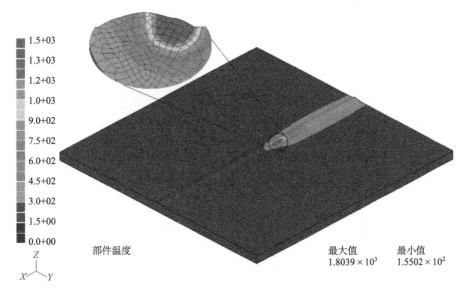

(a) 瞬态温度场

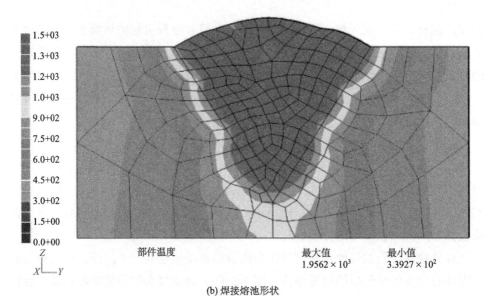

(b) 焊接熔池形状

图 3-5　B3（FYS+16mm+16mm）典型接头焊接温度场结果

后处理显示的云图标尺中，+n 是指"×10ⁿ"，−n 是指"×10⁻ⁿ"

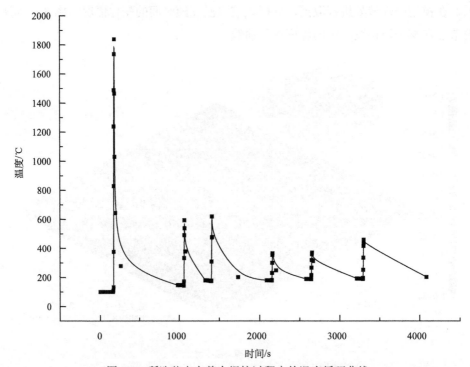

图 3-6　所选节点在整个焊接过程中的温度循环曲线

由图 3-6 可知，所取节点随着热源的靠近而温度迅速升高，随后温度逐渐降低到层间温度。这是因为焊接过程进行多层多道焊，相邻焊道间的温度场相互影响，在整个焊接过程中每条焊道都经历多次的温度升高与降低过程，而相邻焊缝间的温度影响都低于材料的熔点。

另挑选 5 个有代表性的典型接头进行介绍，如图 3-7～图 3-11 所示。

3.2.2　应力变形场计算结果

焊接过程中不均匀的受热过程使焊后部件存在残余应力，残余应力的存在不仅会降低部件的承载能力，还会给部件在使用过程中埋下安全隐患，因此必须明确焊接残余应力在焊接过程的变化规律，图 3-12 为 B3（FYS+16mm+16mm）典型焊接接头在 X、Y 两个方向上的残余应力变化情况。

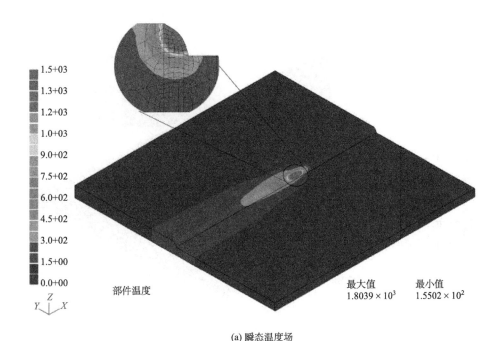

(a) 瞬态温度场

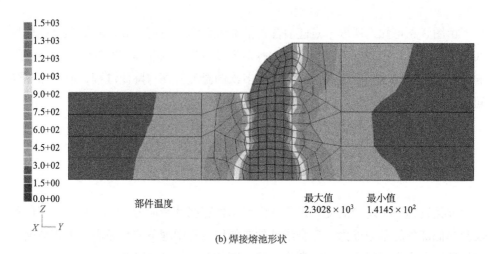

部件温度　　　　　　最大值　　　　　最小值
　　　　　　　　　　2.3028 × 10³　　1.4145 × 10²

(b) 焊接熔池形状

图 3-7　B6（AI+14mm+22mm）接头焊接温度场结果

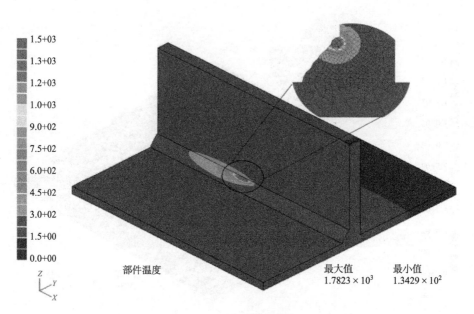

部件温度　　　　　　最大值　　　　　最小值
　　　　　　　　　　1.7823 × 10³　　1.3429 × 10²

(a) 瞬态温度场

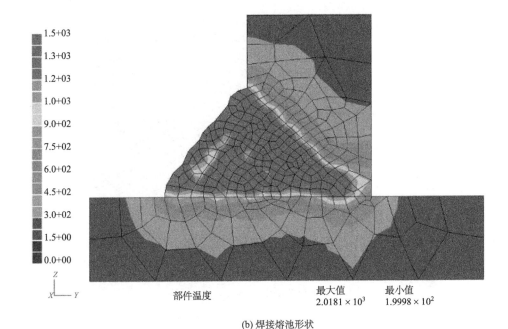

	最大值	最小值
部件温度	2.0181×10^3	1.9998×10^2

(b) 焊接熔池形状

图 3-8　T4（FP+22mm+16mm）接头焊接温度场结果

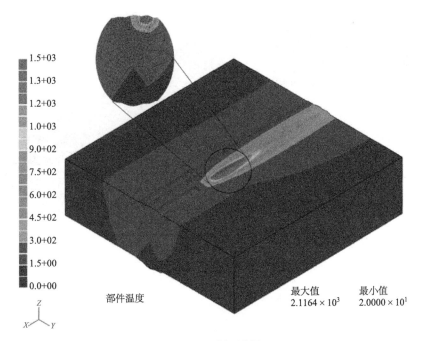

	最大值	最小值
部件温度	2.1164×10^3	2.0000×10^1

(a) 瞬态温度场

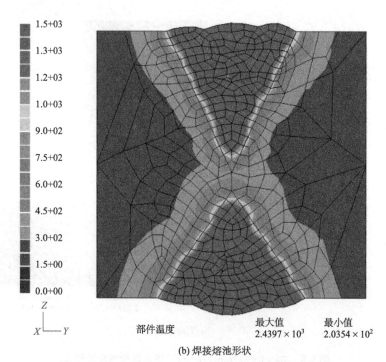

(b) 焊接熔池形状

图 3-9　B7（AXS+85mm+85mm）接头焊接温度场结果

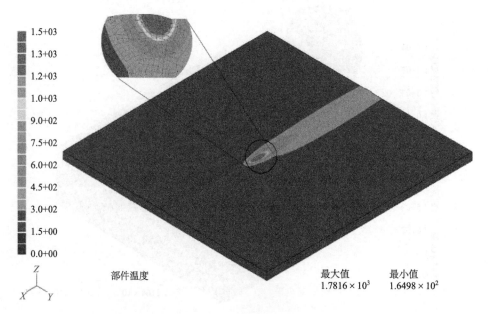

(a) 瞬态温度场

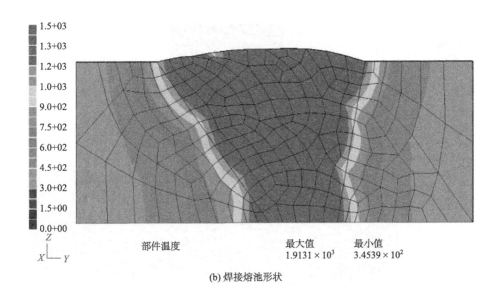

部件温度　　　　　　　最大值　　　　　最小值
　　　　　　　　　　　 1.9131×10^3　　3.4539×10^2

(b) 焊接熔池形状

图 3-10　　B12（COVN/3+14mm+14mm）接头焊接温度场结果

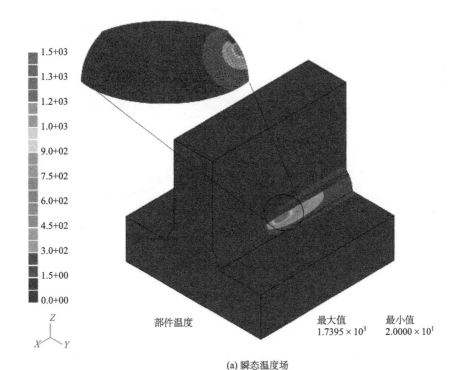

部件温度　　　　　　　最大值　　　　　最小值
　　　　　　　　　　　 1.7395×10^3　　2.0000×10^1

(a) 瞬态温度场

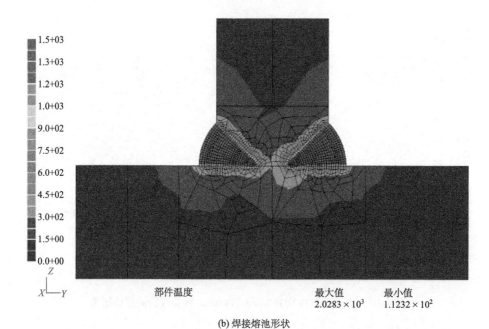

(b) 焊接熔池形状

图 3-11 T16（PP+85mm+85mm+33mm）接头焊接温度场结果

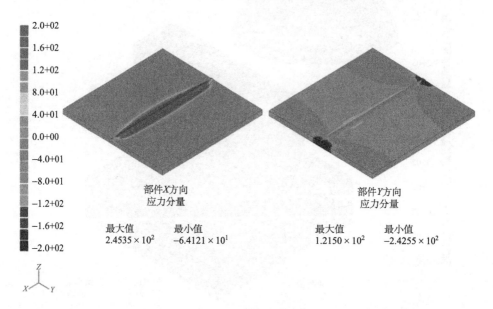

图 3-12 B3（FYS+16mm+16mm）典型焊接接头在 X、Y 两个方向上的
残余应力变化情况

从图 3-12 所示的残余应力分布情况可知，该典型接头的焊接残余应力主要分布在焊缝区和近焊缝区，残余应力的分布沿焊缝方向呈对称分布，且焊缝的起弧端和息弧端由于端部效应，焊缝两端的残余应力较大。其中，X 方向的焊接残余应力主要集中在焊缝中部，且都是拉应力，最大值达 245MPa；Y 方向的焊接残余应力主要集中在焊缝及其周围的热影响区。其中，焊缝中部为拉应力，焊缝两端为压应力，压应力最大值约 243MPa。

焊缝在加热时会伸长，但由于周围母材的约束，当压缩内应力大于屈服应力时，将产生压缩塑性应变。冷却过程恰相反，焊缝在拉伸内应力的作用下可能产生拉伸塑性应变。这样，在加热过程中产生的部分压缩塑性应变将被冷却过程中产生的拉伸塑性应变抵消，而剩余的压缩塑性应变则被保留下来，从而产生了焊接变形。焊接变形的存在不仅会影响部件的外形尺寸，由于焊接变形引起的应力集中也会加速零件的失效。图 3-13 为 B3（FYS+16mm+16mm）典型焊接接头的焊后整体面外变形（Z 方向变形）。

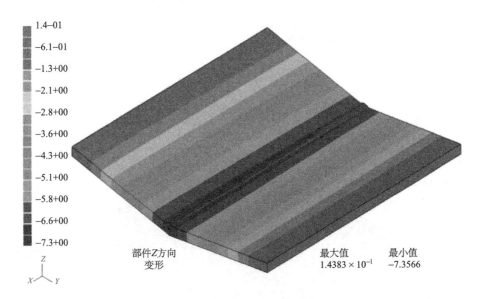

图 3-13　B3（FYS+16mm+16mm）典型焊接接头的焊后整体面外变形（Z 方向变形）

由图 3-13 所示的焊后整体面外变形图分析可知，最大变形主要集中在焊缝附近，约 7.4mm，整个对接接头的整体变形沿焊缝方向呈对称分布，由于对母材两端的位移进行了约束，所以焊缝中部变形大于焊缝两端的变形。由于该 B3 接头采用 V 形坡口，所以焊缝沿厚度方向是上宽下窄的，焊缝上端的热输入大于焊缝下端的热输入，导致焊缝上端的收缩量大于焊缝下端的收缩量。因此，焊后接头整体呈现两端上翘、中间凹陷的情况。

焊缝在纵向和横向上的自身刚度不同，导致自身约束不同，因此可从计算结果中观察到这些塑性应变在一个横截面上的分布和大小特征。因本书主要关注结构的面外变形，所以获取了如图 3-14 所示的 B3 接头 Y 方向的塑性应变分布，可见塑性应变主要集中在焊缝及热影响区附近，且塑性应变在板厚方向上的分布是不均一的，这种不均匀性正是产生横向弯曲的主要原因，最小值约为 0.14mm。

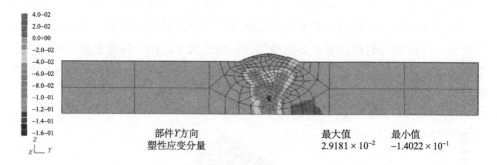

图 3-14　B3（FYS+16mm+16mm）接头 Y 方向的塑性应变分布

挑选 5 个有代表性的典型接头进行描述，如图 3-15～图 3-19 所示。

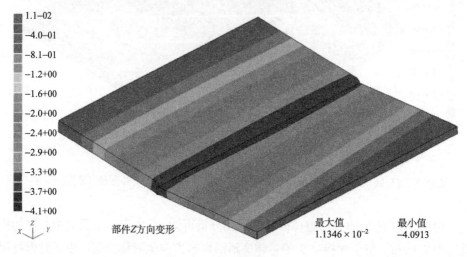

(a) 面外焊接变形

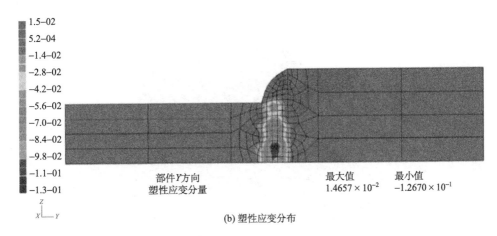

1.5−02	
5.2−04	
−1.4−02	
−2.8−02	
−4.2−02	
−5.6−02	
−7.0−02	
−8.4−02	
−9.8−02	
−1.1−01	
−1.3−01	

部件 Y 方向
塑性应变分量

最大值　　　　最小值
1.4657×10^{-2}　　-1.2670×10^{-1}

(b) 塑性应变分布

图 3-15　B6（AI+14mm+22mm）接头应力变形场结果

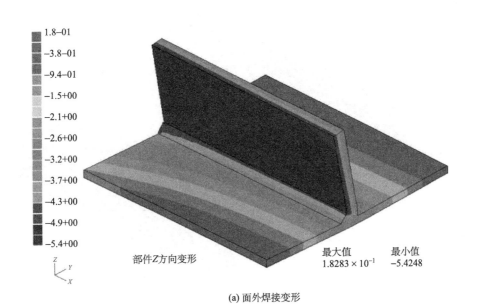

1.8−01	
−3.8−01	
−9.4−01	
−1.5+00	
−2.1+00	
−2.6+00	
−3.2+00	
−3.7+00	
−4.3+00	
−4.9+00	
−5.4+00	

部件 Z 方向变形

最大值　　　　最小值
1.8283×10^{-1}　　-5.4248

(a) 面外焊接变形

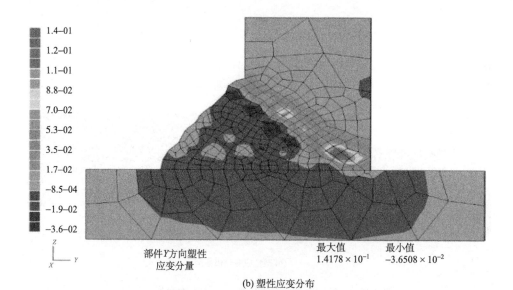

部件Y方向塑性
应变分量

最大值
1.4178×10^{-1}

最小值
-3.6508×10^{-2}

(b) 塑性应变分布

图 3-16　T4（FP+22mm+16mm）接头应力变形场结果

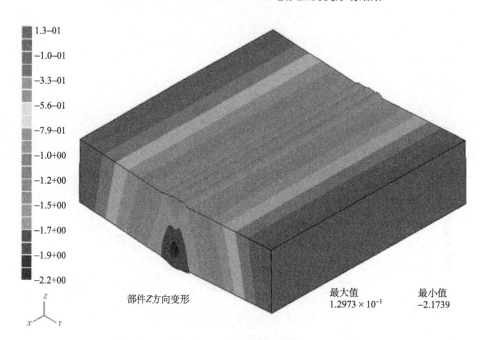

部件Z方向变形

最大值
1.2973×10^{-1}

最小值
-2.1739

(a) 面外焊接变形

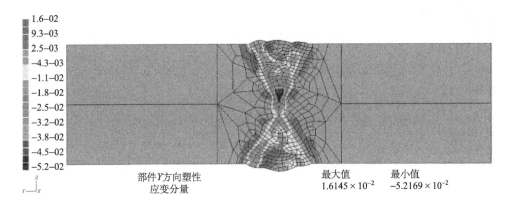

1.6−02
9.3−03
2.5−03
−4.3−03
−1.1−02
−1.8−02
−2.5−02
−3.2−02
−3.8−02
−4.5−02
−5.2−02

部件 Y 方向塑性
应变分量

最大值
1.6145×10^{-2}

最小值
-5.2169×10^{-2}

(b) 塑性应变分布

图 3-17　B7（AXS+85mm+85mm）接头应力变形场结果

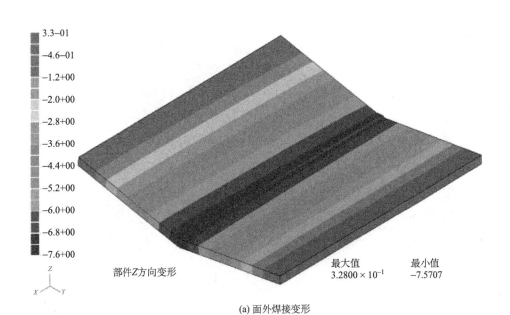

3.3−01
−4.6−01
−1.2+00
−2.0+00
−2.8+00
−3.6+00
−4.4+00
−5.2+00
−6.0+00
−6.8+00
−7.6+00

部件 Z 方向变形

最大值
3.2800×10^{-1}

最小值
-7.5707

(a) 面外焊接变形

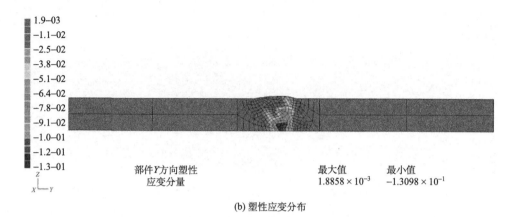

部件Y方向塑性　　　　　　　　最大值　　　　最小值
应变分量　　　　　　　　　　　1.8858×10^{-3}　　-1.3098×10^{-1}

(b) 塑性应变分布

图 3-18　B12（COVN/3+14mm+14mm）接头应力变形场结果

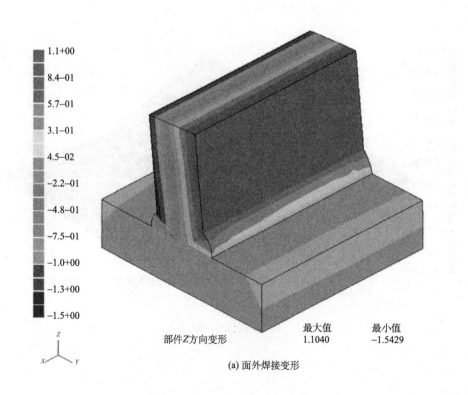

部件Z方向变形　　　　　　　　最大值　　　　最小值
　　　　　　　　　　　　　　　　1.1040　　　　-1.5429

(a) 面外焊接变形

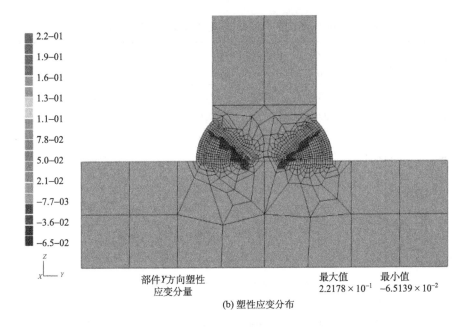

部件 Y 方向塑性
应变分量

最大值
2.2178×10^{-1}

最小值
-6.5139×10^{-2}

(b) 塑性应变分布

图 3-19　T16（PP+85mm+85mm+33mm）接头应力变形场结果

3.2.3　热–弹–塑性有限元计算时间

通过热–弹–塑性有限元分析，得到 14 个典型对接焊接接头和 16 个典型角接焊接接头的变形和塑性应变分布情况，为固有变形数据库的建立提供了坚实基础。将这 30 个典型接头的计算时间汇总如表 3-2 所示，从表中可以发现，没有使用 OpenMP 并行技术的热–弹–塑性计算时间非常长，效率低下，单个接头最少计算时间也要 20h 左右，焊道数较多的接头计算时间要 160h。考虑到模型网格优化、焊道布置、温度场调试以及计算结果验证后修正等时间，平均每个计算模型至少要 3～5 天才能完成。而使用 OpenMP 并行技术的热–弹–塑性有限元分析时间非常短，效率提高，计算时间至少节省一半。

然而，即便是使用并行技术减少热–弹–塑性有限元分析所消耗的时间，对于计算几十个多层多道焊的焊接接头的变形，工作量还是非常巨大的，因此探明固有变形的规律是十分必要和关键的。

表 3-2　30 个典型接头的热-弹-塑性有限元计算时间汇总

接头代号	坡口形式	板厚 /mm	单元数	节点数	焊道数	计算时间 /h	是否并行
B1	FYS	12-12	8050	9741	3	15.25	否
B2	FYS	12-16	11900	14229	4	41.37	否
B3	FYS	16-16	12150	14433	6	52.23	否
B4	COVN	10-10	10100	12954	3	23.08	否
B5	AI	10-14	10800	13107	3	25.28	否
B6	AI	14-22	11850	14076	4	20.72	否
B7	AXS	85-85	15210	16554	18	6.55	是
B8	AXS	60-60	16380	17825	10	4.68	是
B9	AXS	85-60	19170	20801	10	6.12	是
B10	COXS	85-85	20130	21762	54	37.08	是
B11	COXS	40-40	11760	12927	18	9.73	是
B12	COVN/3	14-14	12300	14433	6	52.97	否
B13	AYN	15-18	23400	25908	3	150.28	否
B14	AI	15-20	11850	14076	4	20.72	否
T1	FP	9-14	16500	19635	4	54.88	否
T2	FP	10-13	11500	14433	4	23.00	否
T3	FP	13-16	21100	24480	7	128.68	否
T4	FP	22-16	18900	21930	16	161.87	否
T5	FP	13-60	13100	14739	6	5.65	是
T6	FP	15-60	15600	17238	8	6.75	是
T7	FP	18-80	21850	23868	10	11.93	是
T8	FP	20-70	23650	25653	12	13.40	是
T9	PP	80-80	21180	22971	10	7.07	是
T10	PP	85-85	20340	22196	10	6.87	是
T11	PP	85-85	25410	27559	18	13.65	是
T12	PP	80-80	26850	28954	18	14.95	是
T13	PP	80-80	24060	25823	30	21.22	是
T14	PP	85-85	26960	29274	14	12.77	是
T15	PP	85-85	24960	27347	24	17.22	是
T16	PP	85-85	29880	32054	50	45.22	是

3.3　固有变形方法验证及汇总

目前，利用热-弹-塑性有限元分析的计算结果求固有变形有两种方法，一个是应变积分法，另一个是变形反演法。本书将采用这两种方法，以使所得各个典型焊接接头的固有变形更加准确。这需要焊接塑性应变及三个方向的位移。同时，为了明确两种方法中哪一种方法更准确，将采用数值模拟方法加以验证，即按照热-弹-塑性有限元计算的实体单元模型的尺寸，建立各个接头的壳单元模型，再将两种方法算得的固有变形分别施加在焊缝上面，进行弹性有限元分析，得到变形结果。将两种方法得到的变形与热-弹-塑性有限元分析得到的变形进行比较，而最接近热-弹-塑性有限元分析结果的将更准确。

3.3.1　固有变形的计算方法

在进行验证之前，先表述这两种计算固有变形的方法。应变积分法和变形反演法都是通过对热-弹-塑性有限元分析的结果进行处理得到的固有变形，主要区别在于：应变积分法的输入是塑性应变，而变形反演法的输入是位移。

1. 应变积分法

由前述可知，塑性应变是固有应变的主要组成部分，因此可以将热-弹-塑性有限元分析计算得到的各方向的塑性应变等效为固有应变的各分量，再根据固有变形的定义，将垂直于焊缝横断面上的固有应变分量（塑性应变分量）进行积分得到，如式（1-2）所示。当忽略端部效应时，固有变形分量在焊缝上可被近似为定值，所以可以方便地加载到弹性分析模型上计算。

2. 变形反演法

前期研究表明，除了焊接引弧和熄弧端，固有变形的大小沿焊接线方向呈现出较均一的分布。这样的分布特征表明，如果固有变形的各成分可以用较少的参数来表示，则通过测量焊接件少量位置的焊接变形，采用逆解析的方法即可以得到固有变形[73]。

由于纵向位移的斜率是焊接方向的纵向应变 $\varepsilon_L = \dfrac{\partial u}{\partial x}$，它与纵向固有收缩力

F_{tendon} 和纵向固有变形 δ_L^* 的关系如下所示[74]：

$$\varepsilon_L = \frac{F_{tendon}}{AE} = \frac{Eh\delta_L^*}{BhE} = \frac{\delta_L^*}{B} \tag{3-2}$$

$$\delta_L^* = \varepsilon_L B \tag{3-3}$$

式中，A 为垂直焊缝中性面的横截面积；B 为板的宽度。从式（3-2）和式（3-3）可以看出，只要得到板的纵向固有应变，就能计算出其纵向固有变形。根据式（3-3），在实测可以通过选取测量采样点的纵向位移来计算接头的纵向固有收缩。具体方法为，在焊缝附近沿焊缝方向选取一系列的采样点，然后测量其纵向位移，再根据测得的位移，拟合成一条曲线，计算该曲线的斜率，便可以得到接头的纵向固有应变。再通过式（3-3）计算得到其纵向固有变形。值得一提的是，选取的采样点越多，则计算得到的固有收缩值越精确，而考虑到边界效应的影响，采样点应尽量取在板的中间部分[6]。

考虑到两种计算固有变形方法准确性验证的全面性，本书中对接接头选取 B5（AI+10mm+14mm）典型接头，角接接头选取 T1（FP+9mm+14mm）典型接头，分别进行验证分析。

3.3.2　对接接头验证

B5（AI+10mm+14mm）典型焊接接头分别应用应变积分法和变形反演法计算出的固有变形如表 3-3 所示，其中主要是横向固有收缩和横向固有弯曲的计算值不同。

表 3-3　B5（AI+10mm+14mm）典型焊接接头的固有变形

方法	纵向固有收缩 /mm	横向固有收缩 /mm	横向固有弯曲 /rad	纵向固有弯曲 /rad
应变积分法	0.075	0.516	0.1210	0.0025
变形反演法		0.265	0.0333	

为了验证应变积分法和变形反演法在对接接头下计算固有变形的准确性，建立与 B5（AI+10mm+14mm）接头实体单元模型（图 3-20）尺寸相同的壳单元模

型（图 3-21），即尺寸为 400mm×400mm 的正方形板，左右两个母材分别赋予 10mm
和 14mm 的厚度属性。再将应变积分法和变形反演法算出的固有变形作为载荷，
分别施加在模型的焊缝上进行弹性分析，得到的面外变形云图如图 3-22 所示。

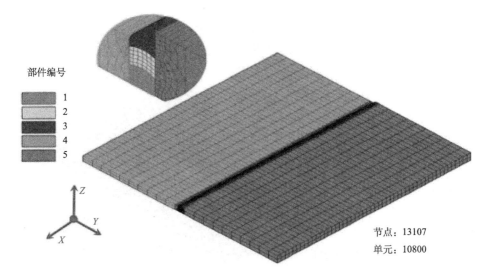

图 3-20　B5（AI+10mm+14mm）接头实体单元模型

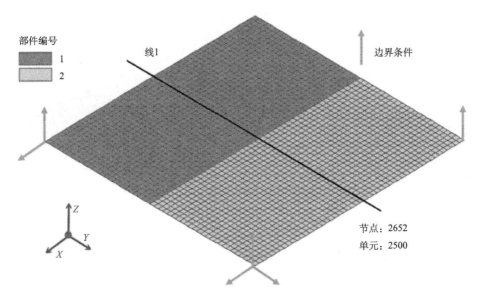

图 3-21　B5（AI+10mm+14mm）接头壳单元模型

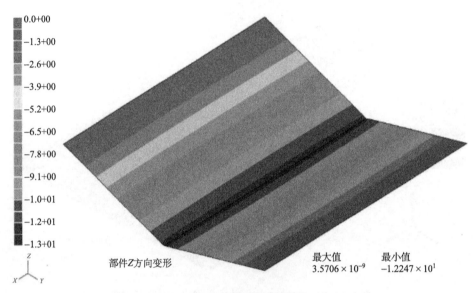

(a) 应变积分法计算结果

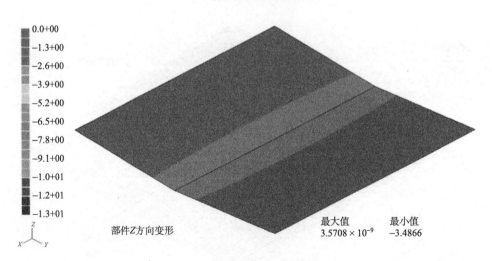

(b) 变形反演法计算结果

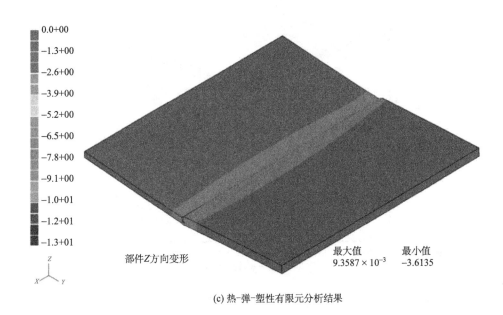

部件Z方向变形

最大值　　　最小值
9.3587×10^{-3}　　-3.6135

(c) 热–弹–塑性有限元分析结果

图 3-22　B5（AI+10mm+14mm）接头面外变形云图

从图 3-22 可见，变形反演法的变形趋势与热–弹–塑性有限元分析的结果基本一致，而应变积分法的结果却要大得多。为了更直观地比较热–弹–塑性有限元分析下接头的角变形与两种求解固有变形方法得到的角变形，在模型中取出如图 3-21 所示的一条与焊缝方向垂直的线，研究其上点的 Z 向位移，将三者计算结果汇总比较，如图 3-23 所示。

从图 3-23 可见，对于对接接头而言，这条线上通过变形反演法得到的固有变形计算出的 Z 向位移与热–弹–塑性有限元计算得到的 Z 向位移（面外变形）完全一致。而使用应变积分法得到的固有变形算出的 Z 向位移与热–弹–塑性有限元分析结果相比，角变形过大，误差最大处高达 300%。从而验证了如下结论：对于本书中的典型对接接头，使用变形反演法得到的固有变形相比应变积分法更加准确。

3.3.3　角接接头验证

T1（FP+9mm+14mm）典型角接接头分别应用应变积分法和变形反演法计算出的固有变形，如表 3-4 所示，其中主要是横向固有收缩的计算值不同。

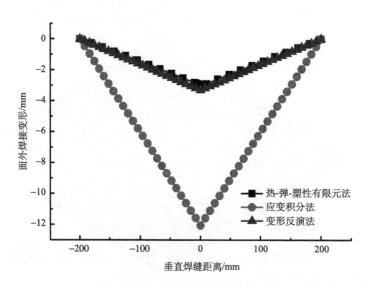

图 3-23　垂直焊缝的一条线上三种方法计算得到的接头面外变形对比

表 3-4　T1（FP+9mm+14mm）典型角接接头的固有变形

方法	纵向固有收缩力 /N	横向固有收缩 /mm	横向固有弯曲 /rad	纵向固有弯曲 /rad
应变积分法	2.00576×10¹¹	f–0.1260 w–0.2860	f–0.0085	0.0000
变形反演法		f–0.1990 w–0.2290	w–0.0416	

注：f 代表翼板，w 代表腹板。

　　为了验证应变积分法和变形反演法在角接接头下计算固有变形的准确性，建立了与 T1（FP+9mm+14mm）接头实体单元模型（图 3-24）尺寸相同的壳单元模型（图 3-25），即尺寸为 400mm×400mm 的正方形翼板以及尺寸为 400mm×200mm 的腹板，腹板和翼板分别赋予 9mm 和 14mm 的厚度属性。再将应变积分法和变形反演法算出的固有变形作为载荷分别施加在模型上进行弹性分析，得到的面外变形云图如图 3-26 所示。

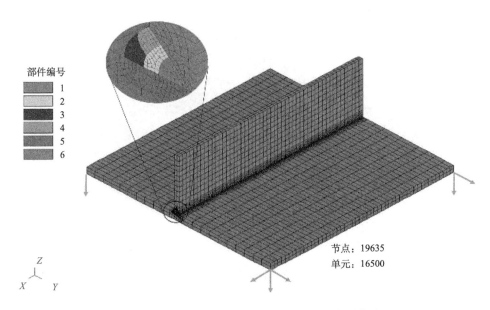

节点：19635
单元：16500

图 3-24　T1（FP+9mm+14mm）接头实体单元模型

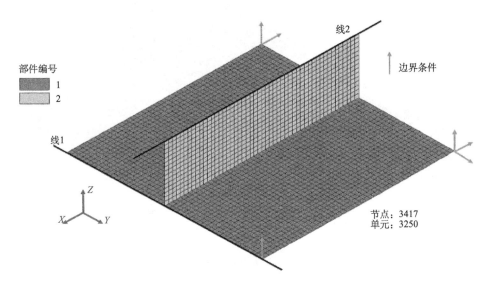

节点：3417
单元：3250

图 3-25　T1（FP+9mm+14mm）接头壳单元模型

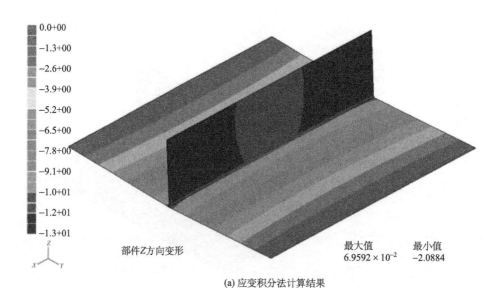

(a) 应变积分法计算结果

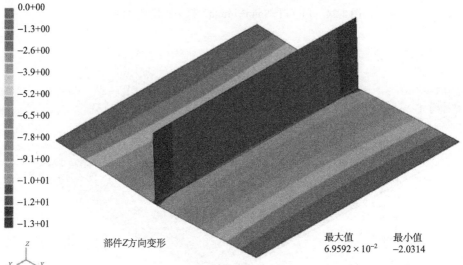

(b) 变形反演法计算结果

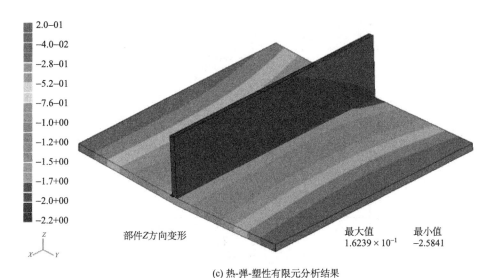

2.0–01	
–4.0–02	
–2.8–01	
–5.2–01	
–7.6–01	
–1.0+00	
–1.2+00	
–1.5+00	
–1.7+00	
–2.0+00	
–2.2+00	

部件 Z 方向变形

最大值　　　最小值
1.6239×10^{-1}　　　-2.5841

(c) 热-弹-塑性有限元分析结果

图 3-26　T1（FP+9mm+14mm）接头面外变形云图

　　从上面三种方法计算得到的同一个接头的面外变形云图（图 3-26）可以看出，应变积分法和变形反演法的变形趋势均与热-弹-塑性有限元分析的结果基本一致，三种方法的结果相差很小。为了更直观地比较热-弹-塑性有限元分析下接头的角变形与两种求解固有变形方法得到的角变形，在模型中取出线 1 和线 2 两条线来研究。其中线 1 是翼板边界上与 Y 轴平行的线（与焊缝垂直的方向），研究其上点的 Z 向位移。线 2 是腹板顶部与 X 轴平行的线（与焊缝平行的方向），研究其上点的 Y 向位移。三者结果比较如图 3-27 所示。

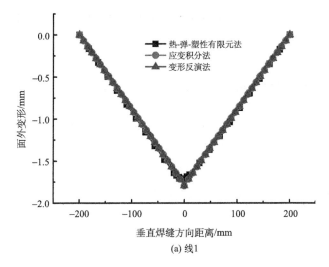

(a) 线1

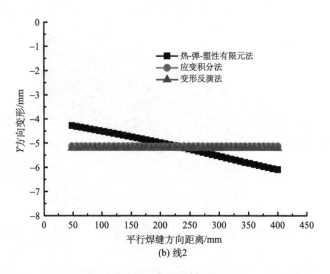

图 3-27　线 1 和线 2 上三种方法计算得到的接头面外变形对比

从图 3-27 可见，对于角接接头而言，线 1 上使用变形反演法与应变积分法得到的固有变形算出的翼板 Z 向位移与热-弹-塑性有限元计算得到的 Z 向位移（面外变形）几乎一致。而在线 2 上两种方法得到的固有变形算出的腹板 Y 向位移与热-弹-塑性有限元分析结果相比，只有微小差距。从而验证了如下结论：对于本书中的典型角接接头，无论使用应变积分法还是变形反演法得到的固有变形都比较准确。

综上所述，不论是对接接头还是角接接头，显然使用变形反演法计算固有变形更准确，因此后续研究中所有典型焊接接头固有变形的计算均采用变形反演法计算。

3.3.4　典型焊接接头固有变形汇总

根据前面热-弹-塑性有限元分析结果同弹性计算结果的比较可知，固有变形的计算在典型部件焊接接头计算过程中是准确有效的。将本书中 14 个典型对接接头和 16 个典型角接接头的固有变形（纵向固有收缩、横向固有收缩、横向固有弯曲）计算结果整理和汇总，如表 3-5 和表 3-6 所示。

表 3-5　典型对接接头的固有变形

对接接头	坡口代号	厚度 （左-右） /mm	纵向固有收缩 /mm	横向固有收缩 /mm	横向固有弯曲 /rad
B1	FYS	12-12	0.0360	0.4020	0.0481
B2	FYS	12-16	0.0557	0.4867	0.0650
B3	FYS	16-16	0.0634	0.5100	0.0701
B4	COVN	10-10	0.0829	0.1500	0.0523
B5	AI	10-14	0.0750	0.2650	0.0333
B6	AI	14-22	0.0598	0.2772	0.0382
B7	AXS	85-85	0.0582	0.8196	0.0097
B8	AXS	60-60	0.0387	0.4840	0.0089
B9	AXS	85-60	0.0356	0.5239	0.0054
B10	COXS	85-85	0.0453	1.9965	0.0487
B11	COXS	40-40	0.0354	0.3793	0.0120
B12	COVN/3	14-14	0.0239	0.3379	0.0361
B13	AYN	15-18	0.0233	0.2720	0.0166
B14	AI	15-20	0.0598	0.2772	0.0382

表 3-6　典型角接接头的固有变形

角接接头	坡口代号	厚度 （腹-翼） /mm	纵向固有收缩 （腹板+翼板） /mm	横向固有收缩 （腹板+翼板） /mm	横向固有弯曲 （腹板+翼板） /rad
T1	FP	9-14	0.0360+0.0230	0.2290+0.1990	0.0416+0.0085
T2	FP	10-13	0.0336+0.0258	0.1270+0.2005	0.0385+0.0093
T3	FP	13-16	0.0341+0.0277	0.0944+0.2685	0.0584+0.0080
T4	FP	22-16	0.0345+0.0474	0.3330+0.4635	0.0836+0.0170
T5	FP	13-60	0.0224+0.0049	1.4044+0.1197	0.0710+0.0038
T6	FP	15-60	0.0223+0.0056	1.5647+0.1301	0.0739+0.0037
T7	FP	18-80	0.0221+0.0063	2.0531+0.1437	0.0841+0.0035
T8	FP	20-70	0.0221+0.0063	2.0531+0.1437	0.0841+0.0035
T9	PP	80-80	0.0137+0.0137	0.3296+0.1449	0.1437+0.0031
T10	PP	85-85	0.0128+0.0128	0.0045+0.1531	0.0038+0.0023

续表

角接接头	坡口代号	厚度 （腹-翼） /mm	纵向固有收缩 （腹板+翼板） /mm	横向固有收缩 （腹板+翼板） /mm	横向固有弯曲 （腹板+翼板） /rad
T11	PP	85-85	0.0190+0.0190	0.0776+0.1936	0.0063+0.0018
T12	PP	80-80	0.0213+0.0213	0.4440+0.1539	0.0081+0.0018
T13	PP	80-80	0.0255+0.0255	0.5595+0.1784	0.0174+0.0022
T14	PP	85-85	0.0135+0.0135	0.1538+0.1440	0.0070+0.0012
T15	PP	85-85	0.0158+0.0158	0.6512+0.1743	0.0160+0.0001
T16	PP	85-85	0.0291+0.0291	1.1464+0.1794	0.0289+0.0030

3.4 热输入与固有变形各分量的经验公式汇总

大型复杂的船体分段由很多部件组成，对应的典型焊接接头也很多，因此对每个典型焊接接头进行热–弹–塑性有限元分析往往需要大量的计算时间。如需建立大量的实体单元模型，对于多层多道焊的接头，模型往往更加复杂。另外，热–弹–塑性有限元计算的速度本身就比较慢，不能仅通过一次计算便得到理想的计算结果，往往还需多次调整参数，如一个典型接头的计算时间为 3~5 天，这个工作量是庞大的，且很多都是重复性的工作。因此，需要提出简化的方法来减少计算工作量和时间。

第 2 章介绍固有变形理论的时候提到固有变形与热输入、坡口形式、板厚、材料属性有关。因此，基于由横舱壁和抗扭箱这两个结构的所有典型焊接接头建立的固有变形数据库，分别获取热输入与固有变形各分量之间的关系（纵向固有收缩力、横向固有收缩、横向固有弯曲），拟合出经验公式，以减少计算典型焊接接头固有变形的工作量。分别绘制出热输入与对接接头和角接接头的纵向固有收缩力、横向固有收缩及横向固有弯曲之间的关系图，如图 3-28~图 3-30 所示。可见固有变形的三个分量均与热输入呈近似线性关系，即随着热输入的增大，固有变形的各分量也随之增大，并且通过线性拟合得到热输入与固有变形各分量之间的经验公式，如表 3-8 所示。

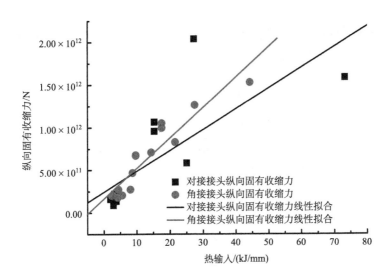

图 3-28　热输入与纵向固有收缩力之间的关系

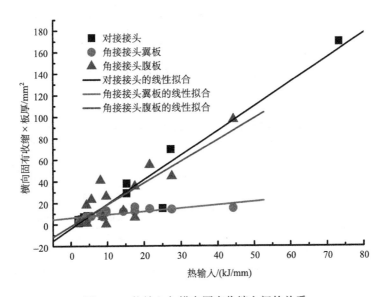

图 3-29　热输入与横向固有收缩之间的关系

　　因此，若想得到某一个典型焊接接头的固有变形，可根据焊接工艺参数算出热输入，然后将其代入表 3-7 中的对应经验公式，便可快捷地计算出固有变形的各分量，而无须建立复杂的实体单元模型并进行复杂的热-弹-塑性有限元分析，节省了大量的时间。但固有变形的影响因素不仅有热输入，因此拟合的经验公式具有一定的局限性，后续会随着研究的深入，将坡口形式、材质等因素作为影响参数加入到经验公式之中。

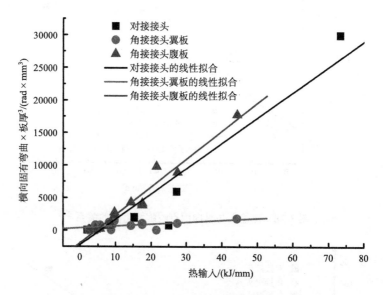

图 3-30　热输入与横向固有弯曲之间的关系

表 3-7　热输入与对接接头及角接接头的固有变形各分量之间的经验公式

X 含义	Y 含义	对接接头	角接接头
热输入	纵向固有收缩力	$Y = 2.43 \times 10^{11} + 2.44 \times 10^{10} X$	$Y = 1.66 \times 10^{11} + 3.56 \times 10^{10} X$
	横向固有收缩×板厚	$Y = -3.85 + 2.27X$	翼板 $Y = 6.11 + 0.31X$
			腹板 $Y = -1.54 + 2.01X$
	横向固有弯曲×板厚^3	$Y = -2194.86 + 389.22X$	翼板 $Y = 399.86 + 29.14X$
			腹板 $Y = -1925.69 + 429.49X$

3.5　本章小结

本章基于高效热-弹-塑性有限元法完成 14 个典型对接接头和 16 个典型角接接头的多层多道焊接工艺仿真计算，建立了对应的 30 个典型接头实体单元有限元模型，探明了典型接头的温度场、应力变形场的规律。为了验证固有变形的可靠性，对应变积分法和变形反演法均进行了计算验证，结果表明变形反演法计算的固有变形更准确。在此基础上，建立了 30 个典型接头的固有变形数据库，研究了热输入与固有变形各分量之间的关系，并总结拟合出经验公式，为后续大型复杂结构的弹性计算提供了输入参数。

第**4**章 基于固有变形法的焊接变形预测

||||||||||||||||||||||||||||||

本章将建立超大型集装箱船横舱壁和抗扭箱结构的弹性分析模型，并使用第 3 章获取的精确固有变形，通过界面单元，综合考虑焊前的装配过程，快捷地进行弹性分析，从而准确地计算出横舱壁和抗扭箱结构的焊接变形，并将计算结果与实测数据比较，以衡量焊接数值模拟结果的精确度。

4.1 横舱壁结构面外焊接变形预测

4.1.1 横舱壁整体壳单元模型建立

有限元模型网格划分的好坏，尤其是网格的数量和质量对数值仿真的计算时间和计算精度影响较大。针对大型复杂船体分段的焊接数值仿真，建立与实物完全一致的有限元模型不现实，更多的是考量如何在不降低计算精度的基础上对实物进行一定的简化，具体简化原则是[75]：

（1）简化尺寸较小的次要部件。大型复杂船体结构包含大量小尺寸部件，如加强筋、肘板等。这些小尺寸次要部件数目庞杂且焊道尺度小，对大型结构的焊接变形影响十分有限，却给模型的壳单元划分带来挑战，不仅增加了网格数量，还降低了网格规整度，因此有必要简化小尺寸的次要部件。

（2）对形状复杂的部件进行简化。在复杂的船体分段中通常会存在许多小尺寸的开孔（包括减轻孔及通过孔等）及倒角等，这些小开孔同样会给网格划分带来困难，增加网格不均匀的程度。一般这些开孔的尺寸都很小，对整体结构的刚度贡献度不大，因此可对其进行简化处理。

（3）对钢板厚度进行简化。由于船体分段尺寸较大、结构复杂，且由多种不同厚度的钢板组成，直接建模有一定困难。若对厚度相差很小的钢板进行合并，减少钢板厚度的种类，可减少典型焊接接头的数量，同时对船体分段整体结构的焊接变形预测影响较小。

基于以上简化原则，结合第 2 章中横舱壁结构的实际尺寸，采用逐步细化的建模策略，首先建立初步几何模型。该几何模型是简化掉各种小尺寸的加强筋、肘板、水密舱壁板上的角钢及横纵筋板上的腰圆形开孔后得到的结果，部件数为38。随后在初步几何模型的基础上，增加了 38 根 L 形角钢，且在纵向筋板上共开了 37 个腰圆孔，为了保证角钢的连续，在对应的纵向筋板上都增加了贯穿孔，得到如图 4-1 所示的最终几何模型。其中共有 92 个部件。这样的几何模型中所有主要部件均得到保留，与原始结构相差很小，有利于增强最终面外焊接变形预测的准确性。

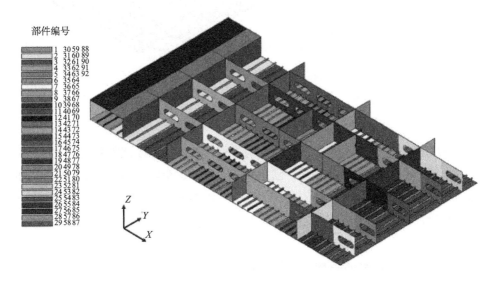

图 4-1　横舱壁分段的几何模型

在确定了几何模型后，需要划分四边形网格。利用商用有限元软件 Patran，使用四边形壳单元网格对整个几何模型进行网格划分，其中横向筋板和水密舱壁板的网格比较规则，而纵向筋板因为开孔的存在网格较不均匀，整个横舱壁结构的壳单元网格模型如图 4-2 所示，包含 92 个部件、10631 个节点和 10478 个单元。各个组成板的厚度依照实际生产过程中确定的板厚，在有限元模型中是以壳单元属性的方式体现。相邻的部件之间存在焊缝。其中，X 表示船深方向，Y 表示舷侧方向，Z 表示艏艉方向。

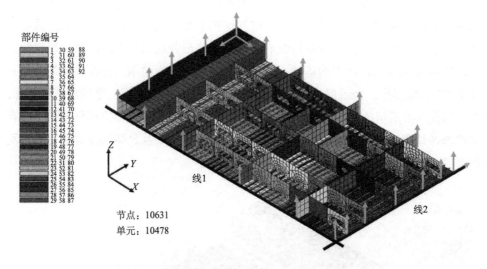

图 4-2　横舱壁结构的壳单元网格模型及边界条件

在横舱壁结构的力学仿真中需对模型进行约束，这样才能得到收敛的结果，也是为了避免模型发生整体移动。因此，在参考承建船厂在横舱壁实际焊接时的约束情况时，设置横舱壁结构四条边界上的横纵加筋板与水密舱壁板相交的点为刚性固定约束，约束位置如图 4-2 中箭头所示。

4.1.2　横舱壁整体结构焊接变形预测及结果分析

按照第 2 章中的分段方式及焊接顺序，将第 3 章中获取的横舱壁结构的精确固有变形加载到如图 4-3 所示的对应焊缝上，进行弹性有限元分析，便能够快速、准确地计算出横舱壁结构的面外焊接变形，得到如图 4-4 所示的整体结构的焊接变形分布。

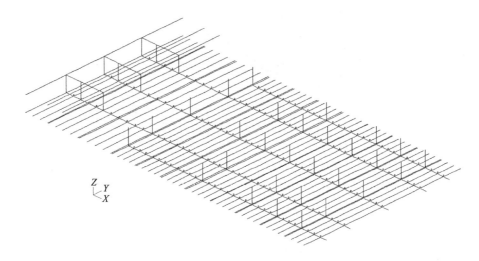

图 4-3　横舱壁结构焊道分布图（共 384 条焊道）

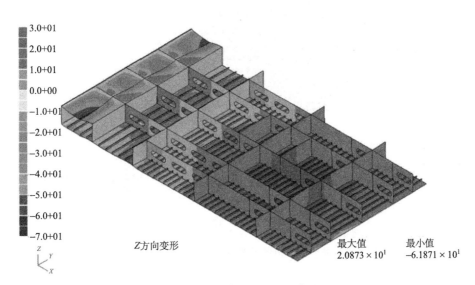

(a) 横舱壁结构的 Z 方向焊接变形云图

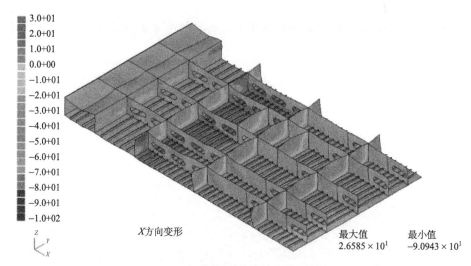

(b) 横舱壁结构的X方向焊接变形云图

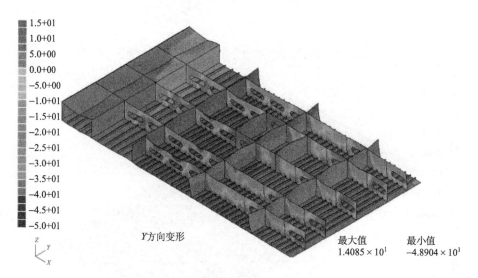

(c) 横舱壁结构的Y方向焊接变形云图

图4-4 横舱壁结构焊接仿真整体变形结果在X、Y、Z三个方向上的云图（变形率放大倍数：5）

图4-4为横舱壁结构焊接仿真整体变形结果在X、Y、Z三个方向上的云图，是变形率放大5倍后的效果。从图4-4（a）中可以发现，整体结构的Z方向焊接变形（面外变形）呈现中部上拱的趋势。其中，负方向变形最大值（蓝色）出现在顶部舱壁板边缘处的钢板接缝处，变形量达61.87mm，这主要是顶板下方加筋

板省略过多、支撑不足导致的，且此处为 12mm 和 14mm 不等厚板的对接焊，焊接引起的角变形较大；正方向变形最大值（红色）出现在底部水密舱壁板的中心处，达 20.87mm，这主要是由于中部加筋板及水密舱壁板上的角钢密集，焊缝较多，热输入量大，且四周都进行了刚体约束，限制了底板在边界上的变形，所以焊接引起的面外变形集中于中部。

从图 4-4（b）中可以发现，整个结构的 X 方向焊接变形较小，仅几处变形较大。其中，负方向变形最大值（蓝色）出现在下部两个横向筋板的边缘处，变形达到 90.94mm，这主要是此处筋板厚度仅为 10mm，且横向筋板的边角处也缺少相应的约束，共同作用导致变形过大；正方向变形最大值（红色）主要分布在底部水密舱壁板的上半部分，变形达到 26.59mm，整体变形较小。

从图 4-4（c）中可以发现，整个结构的 Y 方向焊接变形大部分集中在纵向筋板上。其中，负方向变形最大值（蓝色）出现在 5 个纵向筋板的中部，变形达到 48.90mm，主要是此处纵向筋板长度较长，达 7776mm，且缺少横向筋板作为支撑，另外，结构中有三个大尺寸的腰圆形孔，降低了此处钢板的刚度，两者共同作用导致 Y 方向变形过大；正方向变形最大值（红色）均匀分布在底部水密舱壁板的中上部，变形达到 14.09mm，整体变形较小。

为了便于与承建船厂实测数据对比分析，提取图 4-2 中线 1、线 2 上的各点数据。如图 4-5 所示，这两条线上各点计算的面外焊接变形与实测数值吻合较好。

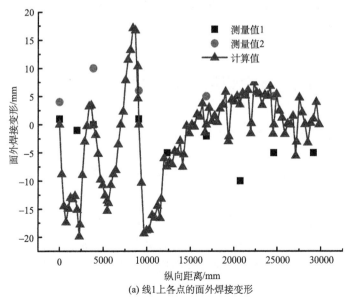

(a) 线1上各点的面外焊接变形

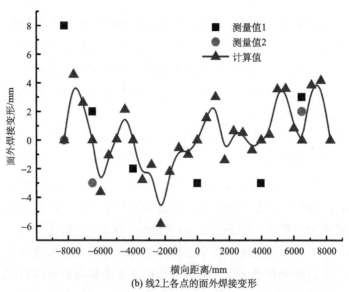

(b) 线2上各点的面外焊接变形

图 4-5　横舱壁结构面外焊接变形计算值与实测值对比

线 1 位于横舱壁结构水密舱壁板纵向的边界线,从图 4-5(a)中可以发现:前半段的变形波动较大,具有跳跃性,而后半段面外焊接变形趋于平稳。这主要是横舱壁前半部分横纵筋板较少,结构整体刚度不足导致的,而随着后续横纵筋板的增加,后半部分的变形也随之减小。线 2 位于横舱壁结构水密舱壁板横向的边界线,从图 4-5(b)中可以发现:整条线上的变形均不大,整体大致呈现两端翘起、中部下凹的趋势,与实际的焊接变形值吻合较好。

4.2　抗扭箱结构面外焊接变形预测

4.2.1　抗扭箱整体壳单元模型建立

有限元模型网格划分的好坏,尤其是网格的数量和质量对数值仿真的计算时间和计算精度影响较大。针对大型复杂船体分段的焊接数值仿真,在不降低计算精度的基础上对实物进行一定的简化。基于 4.1 节的简化原则,结合第 2 章中抗扭箱结构的实际尺寸,建立如图 4-6 所示的抗扭箱结构的几何模型。该几何模型是简化掉各种小尺寸的加强筋、肘板及小尺寸开孔后得到的结果。其中,部件数为 60。

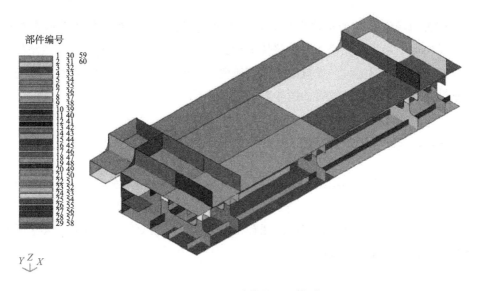

图 4-6　抗扭箱结构的几何模型

确定几何模型后，便需对其进行网格划分，全部利用四边形网格建模，其中整体结构的网格比较规则，仅在几处小尺寸部件的周围网格较不均匀。整个抗扭箱结构的壳单元网格模型如图 4-7 所示，包含 60 个部件，10554 个节点和 8741 个单元。相邻的部件之间存在焊缝。

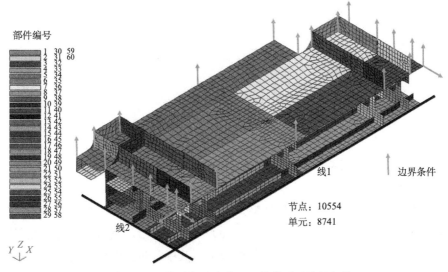

图 4-7　抗扭箱结构的壳单元网格模型及边界条件

在抗扭箱结构的力学仿真中需要对模型进行约束，这样才能得到收敛的结果，另外也是为了避免模型发生整体移动。因此，在参考承建船厂在抗扭箱的实际焊接时的约束情况时，设置结构内侧舱壁板的四条边界上的横纵加筋板的交点为刚性固定约束，约束位置如图4-7中箭头所示。

4.2.2　抗扭箱整体结构焊接变形预测及结果分析

按照第2章中抗扭箱结构的分段方式及焊接顺序，将第3章中获取的抗扭箱结构的精确固有变形加载到如图4-8所示的对应焊缝上，进行一次弹性有限元计算，便可以快速、准确地计算出抗扭箱结构的面外焊接变形，得到如图4-9所示的整体结构的焊接变形分布。

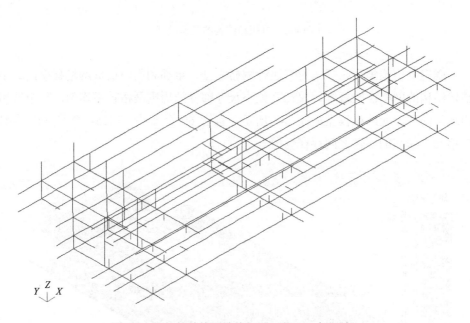

图 4-8　抗扭箱结构焊缝施加图（共 188 条焊缝）

图4-9为抗扭箱结构焊接仿真整体变形结果在 X、Y、Z 三个方向上的云图，是变形率放大5倍后的效果。从图4-9（a）中可以看出，整体结构的 Z 方向焊接变形（面外变形）主要集中在内外舱壁板上。其中，负方向变形最大值（蓝色）出现在内侧舱壁板的中部钢板接缝处，最大变形量为 7.00mm，这主要是由于此

处为 85mm 和 60mm 不等厚超厚板的对接焊，焊接引起的角变形较大；正方向变形最大值（红色）出现在外侧舱壁板的边缘处，最大变形量为 9.68mm，主要是此处起到支撑作用的横向筋板的间距过大，导致外侧舱壁板刚度不足。

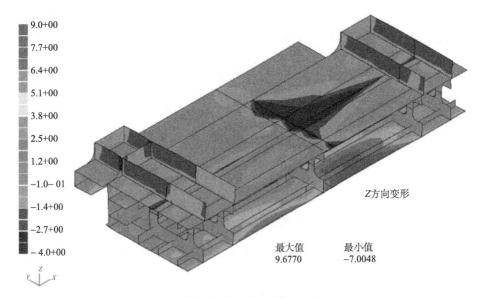

(a) 抗扭箱结构的 Z 方向焊接变形云图

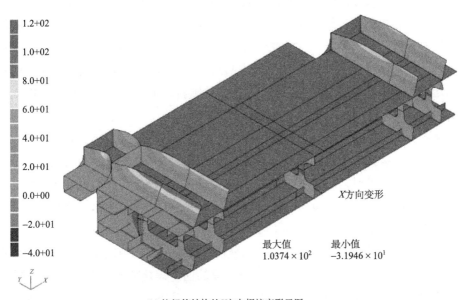

(b) 抗扭箱结构的 X 方向焊接变形云图

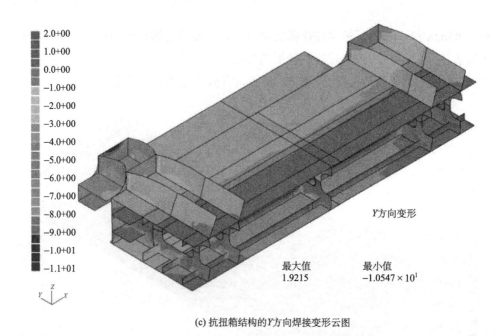

(c) 抗扭箱结构的 Y 方向焊接变形云图

图 4-9　抗扭箱结构焊接仿真整体变形结果在 X、Y、Z 三个方向上的云图（变形率放大倍数：5）

从图 4-9（b）中可以看出，整个结构的 X 方向焊接变形较小，仅几处焊接变形较大。其中，负方向变形最大值（蓝色）出现在抗扭箱内部起着支撑作用的 5 个横向筋板的板缝处，最大变形量达 31.95mm，这主要是由于此处为三块钢板拼接的地方，焊缝呈丁字形，且板厚较薄为 15mm，所以变形较大；正方向变形最大值（红色）主要集中在内侧舱壁板上靠近舱口的 4 个横向筋板上，最大变形量高达 103.74mm，4 个筋板全部向 X 正方向倾斜，主要是缺乏支撑、刚度太小所致。

从图 4-9（c）中可以看出，整个结构的 Y 方向焊接变形很小。其中，负方向变形最大值（蓝色）出现在舱口围顶板的边缘处，最大变形量达 10.55mm，主要是建立有限元模型时，将此处内部起到支撑作用的多个小尺寸加强筋简化掉，导致舱口围顶板的边缘处刚度不足；正方向变形最大值（红色）均匀分布在内外舱壁板的下半部，最大变形量仅为 1.92mm，整体变形很小。

为了便于与承建船厂实测数据对比分析，提取图 4-7 中线 1、线 2 上的各点数据。如图 4-10 所示，这两条线上各点计算的面外焊接变形与实测值吻合较好。线 1 位于抗扭箱结构外侧舱壁板纵向的边界线，从图 4-10（a）中可以发现：整条线上的变形起伏较大，尤其在纵向距离 12000mm 处变形最大，约 10mm，与实际的焊接变形数值吻合较好。线 2 位于抗扭箱结构外侧舱壁板横向的边界线，从图 4-10（b）中可以发现：前 2/3 处变形均较小，而后 1/3 面外焊接变形迅速增加。这主要是由于抗扭箱外侧舱壁板前 2/3 部分，上面的纵桁有 3 个，分布较密集，而后 1/3 部分没有纵桁，所以刚度降低，变形增大明显。

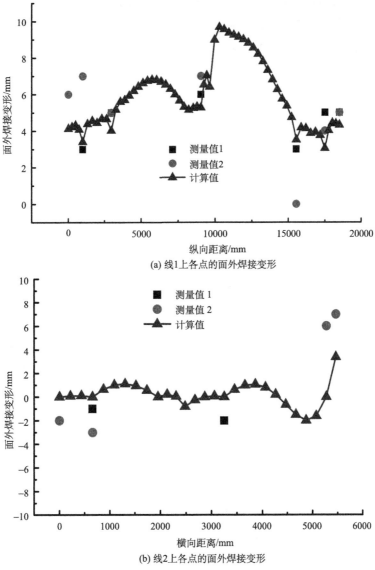

(a) 线1上各点的面外焊接变形

(b) 线2上各点的面外焊接变形

图 4-10　抗扭箱结构面外焊接变形计算值与实测值对比

4.3　本　章　小　结

　　本章开展了横舱壁和抗扭箱结构的焊接变形预测和结果分析研究。在明确了弹性分析模型的简化原则基础上，创建了对应的壳单元网格模型，利用第 3 章研究中计算出的精确固有变形，进行弹性分析，获得了两分段的整体焊接变形，并将数值计算结果与承建船厂的焊后测量数据进行比较，验证了基于固有变形的弹性有限元法计算大型复杂船体分段焊接变形的准确性。

第5章 典型结构面外焊接变形控制技术

||||||||||||||||||||||||

减小面外焊接变形的措施有多种：如针对多个部件之间的焊接可以优化其焊接顺序，针对厚板的对接焊可通过多次翻身和施加反变形，以及优化坡口等控制焊接变形。本章通过高效的数值计算模拟上述方法，寻找最佳的面外焊接变形控制方案并总结其中的规律，将其应用到横舱壁和抗扭箱两个结构的焊接工艺过程中加以验证，从而为船厂的实际工艺优化提供数据支持。

5.1 焊接顺序优化及其在横舱壁结构上的应用

5.1.1 横舱壁结构新的拆解方式及焊接顺序方案

通过大量的实地调研，获知承建船厂在建造大型船体分段时，按照小组立、中组立、大组立、大组立合拢的工艺顺序建造。因各个组立内部的具体焊接顺序的确定技术已较成熟，因此船厂更关注各个大组立之间焊接顺序对整个分段变形的影响。本节以 20000TEU 横舱壁结构为研究对象，在对组成该分段的组立进行重新划分基础上，研究各个组立焊接的先后顺序，确定使整个横舱壁结构面外变形最小的焊接顺序方案。

图 5-1 为横舱壁结构承建船厂当前的建造拆解方案及部件编号，整个分段被拆分成 TB11A、TB11B（简记为 A、B 组立）两个大组立，其建造焊接顺序：先

分别将 *A*、*B* 两个大组立装焊好，再将其合拢为横舱壁分段。经分析，这样的拆解方式主要是从建造效率上考虑的，尤其是对于 *B* 组立，是一个典型的板架结构，可进行流水线作业。不足之处在于划分的组立过大，焊接变形会随着结构的扩大进行累积，最后合拢焊接时，合拢处变形往往过大，需耗费大量的时间和人工成本进行矫正才能正常焊接。

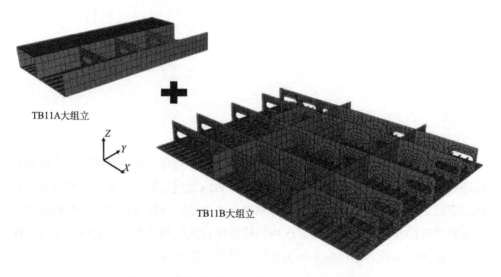

图 5-1　横舱壁结构原来的分段方式及各段代号

　　经过对设计图纸的充分分析研究，在不改变原有设计的基础上，同时保证各个部件的连续性，将横舱壁结构重新拆解，拆解为 5 个新组立，分别记为组立 1～5，如图 5-2 所示。

　　这样的拆解方案虽会影响一部分的建造效率，但是由于每个组立较小，焊接变形容易加以控制。同时，小组立可节省占地空间，且降低了对起重设备的要求，从而提升船厂的空间利用率。其中，原拆解方案下最重的 *B* 组立质量约为71190kg，而新拆解方案下最重的组立 3 质量仅为 40081kg，降低了 43.7%。鉴于承建船厂对吊车频繁使用且资源有限，新的拆解方案对起吊能力要求的降低是很有必要的。新旧拆解方案下的各组立的部件数和质量如图 5-3 所示。

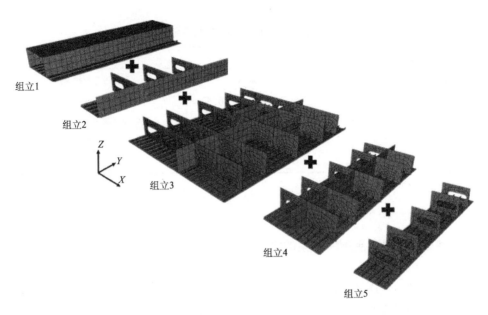

图 5-2　横舱壁结构新的分段方式及各段代号

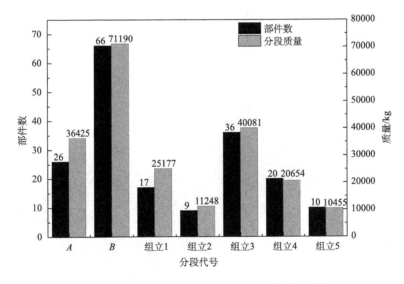

图 5-3　新旧拆解方案下的各组立的部件数及质量

　　在将整个水密横舱壁拆分成 5 段的基础上，研究分段在不同装焊顺序下对结构整体面外焊接变形的影响。本书提出 4 种新的焊接顺序：顺序焊、内外对称焊、外内对称焊、间隔焊，其具体的装焊顺序及方案如表 5-1 所示。

表 5-1　5 种装焊顺序及方案

装焊顺序代号	结构分段数	具体装焊顺序	方案描述
传统焊	2	A—B	直接进行合拢焊接
顺序焊	5	1—2，2—3，3—4，4—5	从前至后依次合拢焊接
内外对称焊	5	（2—3，3—4），（1—2，4—5）	从中间至两边对称合拢焊接
外内对称焊	5	（1—2，4—5），（2—3，3—4）	从两边至中间对称合拢焊接
间隔焊	5	1—2，3—4，2—3，4—5	从前至后间隔合拢焊接

注：括号内表示同时焊接。

5.1.2　不同焊接顺序方案的结果分析

按照 4 种新的焊接顺序编排焊接顺序文件，且采用第 3 章获得的 20000TEU 横舱壁结构的精确固有变形，分别进行弹性有限元分析，可得到这 4 种顺序下结构的面外焊接变形，由于 4 种顺序下的变形趋势一致、结果相差不大，因此仅给出顺序焊的计算结果，如图 5-4 所示。

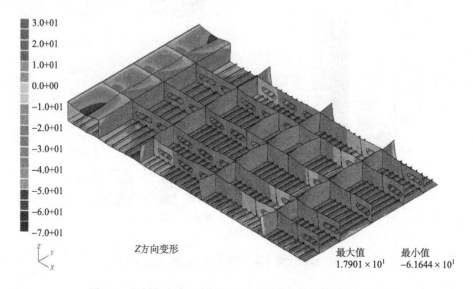

图 5-4　新拆解方案下的顺序焊的横舱壁结构面外变形云图

将计算结果与原拆解方案下的传统焊顺序相比较，可以发现：新的拆解方案下的 4 种焊接顺序的面外焊接变形的极值要小于传统焊，且变形不集中、分布更加均匀。但仅从计算云图上获取信息是不全面的，因此分别取如图 5-5 所示的横舱壁横纵中轴线（即线 1、线 2）上各点的变形值，具体比较这 5 种装焊顺序下的结构整体面外焊接变形情况，如图 5-6 所示。

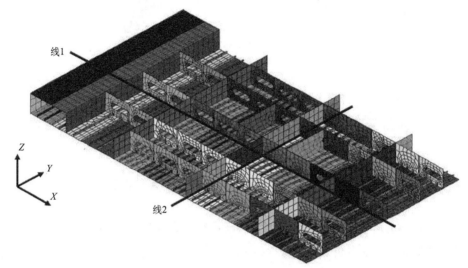

图 5-5　线 1、线 2 位置示意图

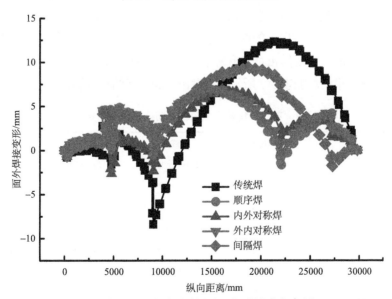

（a）线 1 上各点在不同焊接顺序下的面外焊接变形对比

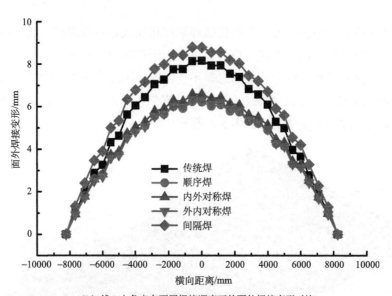

（b）线2上各点在不同焊接顺序下的面外焊接变形对比

图5-6　不同焊接顺序下的结构整体面外焊接变形对比

仅从图 5-6 中的众多折线中很难比较哪种焊接顺序方案最优，因此引入相对面外变形的概念：以众多折线的起始点和终点的连线作为基准（这里为 0），将不同折线上的变形值减去基准值并取绝对值作为该点的相对面外变形值，然后将每条曲线上的数据点相加得到该条线的总相对面外变形值。每种焊接顺序对应两条线，这两条线分别体现横纵两个方向上的面外焊接变形，为了体现整体结构变形情况，需将每种焊接顺序下的两条线的相对变形值相加作为最终指标，比较 5 种焊接顺序方案的优劣，计算结果汇总如表 5-2 所示，并做出更加直观的柱状图，如图 5-7 所示。

表 5-2　不同焊接顺序下的相对面外焊接变形对比

装焊顺序代号	结构分段数	最大面外焊接变形/mm	线1相对面外变形值/mm	线2相对面外变形值/mm	总相对面外变形值/mm
传统焊	2	20.87	1477.98	365.00	1842.98
顺序焊	5	17.90	916.62	292.62	1209.24
内外对称焊	5	17.43	791.95	304.54	1096.49
外内对称焊	5	17.97	963.40	292.47	1255.87
间隔焊	5	19.53	1177.47	406.01	1583.48

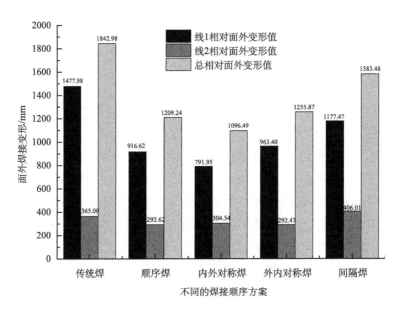

图 5-7　不同焊接顺序下线 1 和线 2 的相对面外变形值

从图 5-7 中可见，新的拆解方案下（5 段）的 4 种焊接顺序方案的总相对面外变形值均比原拆解方案下（2 段）的结果 1842.98mm 要小（无论何种焊接顺序）。说明将分段拆分成更多个组立，将有利于减小面外焊接变形。组立增加相当于每个组立装焊结束后的矫正过程增加，且小组立变形不易累积，更容易控制焊接变形。

在新的拆解方案下的 4 种焊接顺序中，纵向面外焊接变形控制得最好的是内外对称焊，因为其线 1 的相对面外变形值最小，为 791.95mm；纵向面外焊接变形控制得最差的是间隔焊，因为其线 1 的相对面外变形值最大，为 1177.47mm；同理，横向面外焊接变形控制得最好的是外内对称焊，因为其线 2 的相对面外变形值最小，为 292.47mm，但顺序焊和内外对称焊分别为 292.62mm、304.54mm 相差不大；横向面外焊接变形控制得最差的还是间隔焊，因为其线 2 的相对面外变形值最大，为 406.01mm。

综合纵横两个方向，面外焊接变形控制得最差的是间隔焊，因其总相对面外变形值最大，为 1583.48mm；面外焊接变形控制得最好的是内外对称焊，因其总相对面外变形值最小，为 1096.49mm，相较于传统焊的总相对面外焊接变形 1842.98mm 减小了约 40%。而从表 5-2 可见，内外对称焊 17.43mm 的极值相较于传统焊的 20.87mm 也减小约 20%。因此 4 种新的焊接顺序中，内外对称焊是控制横舱壁结构面外焊接变形最好的方案。

5.2　考虑间隙非对称坡口的优化及其在抗扭箱结构上的应用

目前船厂通常使用两种方法来控制超厚板对接焊的面外变形：多次翻身法和反变形法，但这两种方法均有一定的局限性。其中使用多次翻身法虽然接头的面外变形较小，但多次的翻身导致生产效率低，且工人施工安全性也将大大降低；反变形法通过加放反变形减少翻身次数，提高了生产效率，但加放的反变形量不易掌握，其数值是焊前通过大量实验获得的，不同材质、厚度的接头均需重新进行实验，耗费过多的人力、物力和财力。

鉴于传统方法的局限性，本节提出通过优化超厚板的 X 形坡口，将常规的对称 X 形坡口设计成非对称的 X 形坡口，通过反面焊缝产生的面外变形来矫正正面焊缝产生的面外变形，无须多次翻身和压铁拘束，具有焊接效率高、控制精度好等优点。

5.2.1　考虑间隙非对称坡口设计方案

船厂传统的超厚板对接焊的坡口尺寸如图 5-8 所示，开 X 形坡口，正反坡口深度相同，坡口角度均为 32°。按这种对称坡口进行焊接，仅翻身一次，变形必然较大。因正面填充过多，反面焊接时不能将正面焊接产生的角变形全部抵消掉，

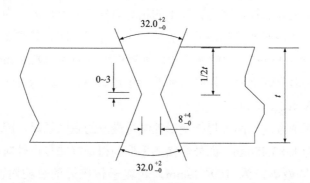

图 5-8　船厂传统的超厚板对接焊的坡口尺寸（$38 \leqslant t < 100$）

导致残余的角变形过大。若要仅一次翻身便能控制变形，反面坡口的深度应大于正面坡口的深度，具体比例关系是本节研究的重要内容。经过实验验证发现，将超厚板对接焊接头设计成无间隙的非对称坡口，会造成反面坡口深度过深、角度过小，将直接导致工人在焊接时焊枪伸不进去，没有足够的工作空间，需要使用碳弧气刨增大反面坡口面积，如图 5-9 所示，从而达不到最佳的坡口形状，面外变形较大。因此，在综合考虑实际焊接时的操作空间基础上，对之前的非对称坡口重新设计优化，即增加被连接的两块钢板的间隙。

图 5-9　无间隙非对称坡口焊接时反面坡口碳刨后形状

如图 5-10 所示，保证坡口宽度保持不变，坡口中间保持 10mm 间隙，正面坡口深度为 h_1，反面坡口深度为 h_2，通过改变 h_1/h_2 的值，设计不同的坡口形状，并通过采用并行技术的热-弹-塑性有限元分析，获取面外焊接变形最小的正反坡口深度比（最佳正反坡口深度比），并对超厚板板厚与最佳正反坡口深度比之间的规律进行总结分析。

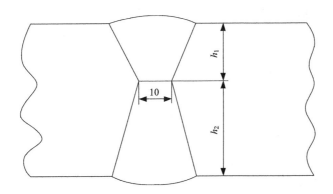

图 5-10　考虑间隙非对称坡口设计示意图

5.2.2　不同比例的考虑间隙非对称坡口的计算结果

以如图 5-11 所示的 60mm 对接焊接头为例，通过多次的热-弹-塑性有限元计算，获取使得面外变形最小的非对称坡口。该接头模型是焊缝方向的尺寸为 300mm、垂直焊缝方向的尺寸为 300mm、厚度为 60mm 的实体单元模型。整体模型的单元数量为 27360，节点数量为 29264。

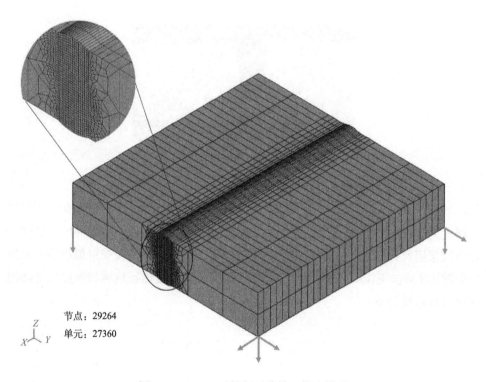

节点：29264
单元：27360

图 5-11　60mm 对接焊对称坡口接头模型

在前期研究中，通过在商用有限元建模软件 Patran 中绘制模型截面图形，将每个焊道的轮廓精确地绘制出来，针对每一条焊道都赋予单独的属性，当焊道数量比较多时（尤其是超厚板），建立有限元模型将会变得烦琐，耗费大量精力和时间，如图 5-12（a）所示。

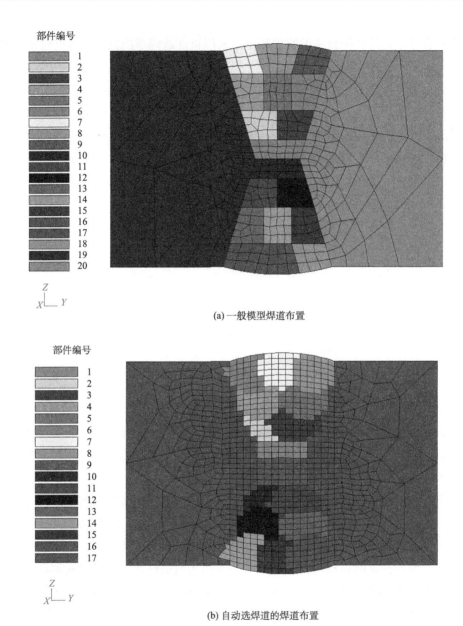

(a) 一般模型焊道布置

(b) 自动选焊道的焊道布置

图 5-12　两种方式的焊道布置情况

需要通过改变接头正反面坡口深度的比例来明确焊接面外变形与坡口形式的关系。若采用传统方法，会耗费大量的精力和时间在重复的建模过程上，该方法已不合适。为此使用自主编写的程序：利用自动选焊道的方法，只需建立一个有限元模型，在中间焊道部分网格划分规则、致密，两边网格稀疏，中间过渡部分保持平滑即可。通过在计算文件中定义焊接热源的位置和形状，即定义双椭球焊接热源的中心坐标、热源的熔宽、熔深、余高尺寸，如图 5-13 所示，可方便地通过改变焊道的布置情况来改变正反面坡口的深度比例，以此达到改变坡口形式的目标。自动选焊道方法的优点是一个有限元模型可利用多次，避免因焊道布置的改变而重复地建模和赋属性，节省大量的时间、精力。使用自动选焊道技术的焊道布置如图 5-12（b）所示。

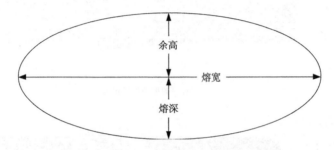

图 5-13　自动选焊道技术的双椭球热源截面形状

为了探究不同坡口形式产生的面外焊接变形量，首先将初始的正反坡口深度比设计为 $h_1 : h_2 = 1 : 1$。针对本结构中 60mm 厚度的钢板对接焊，采用如表 3-2 所示的 SAW 焊接工艺参数，对于对称的坡口形式建立如图 5-14 所示的焊道布置情况。研究过程：在热分析的基础上，将热载荷作为输入来计算应力和变形。图 5-14 中的上图是对称焊道布置情况下的熔池形状，可以看出真正的熔池形状和设计的焊道形状具有良好的一致性，说明温度场计算是正确的，可保证后续焊接残余应力和焊接变形计算的正确性。图 5-14 中的下图为数值计算出的常规对称坡口（即 $h_1 : h_2 = 1 : 1$）的面外焊接变形云图，可以直观地看出，仅凭一次翻身，常规对称坡口的面外变形过大，对于超厚板这么大的角变形焊后不易矫正，从而证明了这种对称坡口的局限性。

对称坡口面外焊接变形的趋势是两端向上翘起，造成这样的结果是因为正面坡口深度过深，焊道过多，导致热输入增大，从而正面全部焊完时产生较大的焊接残余变形。同时，正面焊道面积过大，则正面焊道全部焊完时接头的整体刚度也已达到较高水平，因此在进行反面焊接时对正面矫正过程并不明显，而整个接头的面外焊接变形约为 4.5mm。

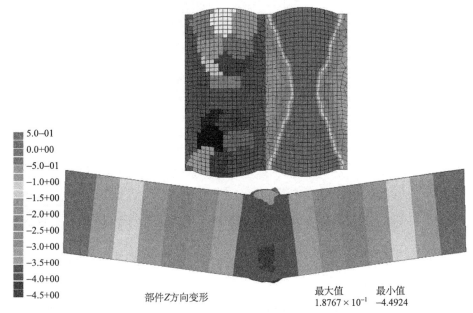

图 5-14　考虑间隙正反坡口深度比为 1∶1 时的热-弹-塑性有限元分析结果

　　经过上述研究和分析，坡口应设计成减小正面坡口的深度，增大反面坡口的深度，即减小正反坡口深度比。当正反坡口深度比为 h_1∶h_2=1∶2.6 时，热-弹-塑性有限元分析的结果如图 5-15 所示，可见该比例下坡口的面外焊接变形的形式与之前相反，变成是焊缝处向上翘起，验证了坡口比例调整的研究方向是合理的，但正反坡口深度比过小。

　　因此，应稍微增大正反坡口深度比，依次对正反坡口深度比为 1∶2.4、1∶2.0 的有限元模型进行计算，对应的热-弹-塑性有限元分析结果如图 5-16 和图 5-17 所示。两种比例下坡口面外焊接变形的趋势依然是焊缝处向上翘起，但角变形量依次降低，因此变形量还未控制到理想范围内。直到正反坡口深度比为 h_1∶h_2=1∶1.5 时，热-弹-塑性有限元分析的结果如图 5-18 所示，该比例下坡口的面外焊接变形的趋势发生了改变，变成两端向上翘起，说明最佳的正反坡口深度比是介于 1∶1.5 与 1∶2.0 之间的。在该比例区间，依次对正反坡口深度比为 1∶1.8 （图 5-19）和 1∶1.9 进行了计算分析研究，最终获取比例为 1∶1.9 时面外焊接变形最小，即 60mm 对接焊接头的考虑间隙的最佳正反坡口深度比。

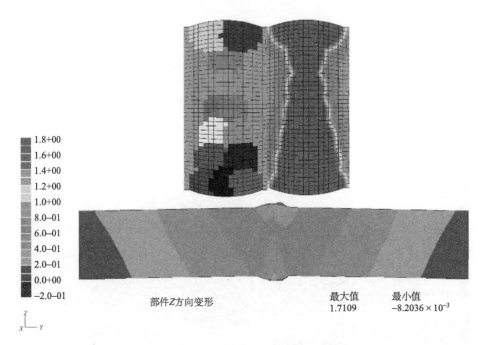

部件Z方向变形   最大值   最小值
1.7109 -8.2036×10^{-3}

图 5-15　考虑间隙正反坡口深度比为 1∶2.6 时的热-弹-塑性有限元分析结果

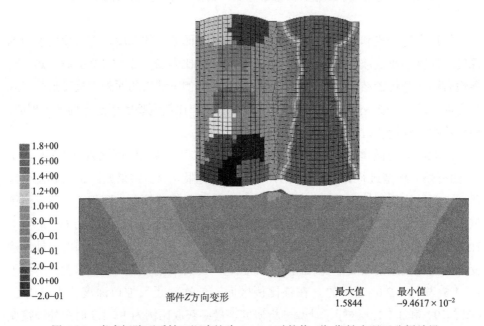

部件Z方向变形   最大值   最小值
1.5844 -9.4617×10^{-2}

图 5-16　考虑间隙正反坡口深度比为 1∶2.4 时的热-弹-塑性有限元分析结果

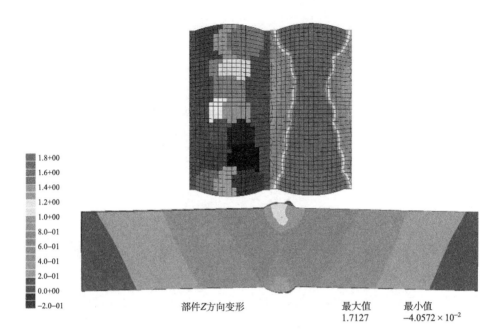

图 5-17　考虑间隙正反坡口深度比为 1：2.0 时的热-弹-塑性有限元分析结果

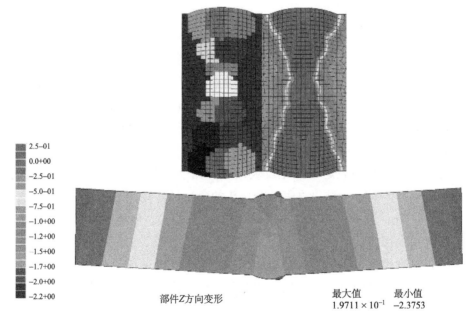

图 5-18　考虑间隙正反坡口深度比为 1：1.5 时的热-弹-塑性有限元分析结果

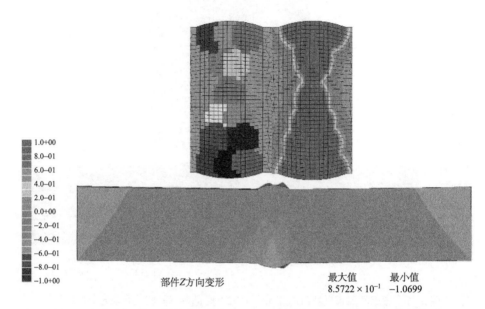

部件Z方向变形　　　　　最大值　　　　最小值
　　　　　　　　　　　　8.5722 × 10⁻¹　　−1.0699

图 5-19　考虑间隙正反坡口深度比为 1∶1.8 时的热−弹−塑性有限元分析结果

正反坡口深度比为 1∶1.9 时，由热−弹−塑性有限元分析可获取温度场和面外变形预测的结果。其中，图 5-20 给出了熔池形状，和焊道布置情况基本相符，保证了温度场计算的准确性。从图 5-21 可以清楚地看出，正面 5 个焊道结束后，60mm 超厚板对接焊接头产生了较大的两端上翘的角变形；然而，由于反面 8 个焊道的作用，基本矫正了正面焊接产生的变形，最终接头几乎没有面外焊接变形。

为了更加直观地表达不同正反坡口深度比下焊接接头的面外变形，根据热−弹−塑性有限元分析结果将每一个接头的角变形计算出来，这里定义角变形为 $\Delta = 180° - \sigma$，其中符号 Δ 表示角变形（面外变形），以两端上翘为正；符号 σ 表示接头变形后的两块母材之间形成的夹角，如图 5-22 所示。最后将 7 种正反坡口深度比下接头的热−弹−塑性有限元分析结果进行汇总如表 5-3 所示，其中包括焊接温度极值、正反坡口焊道数、最大面外变形量及角变形等。

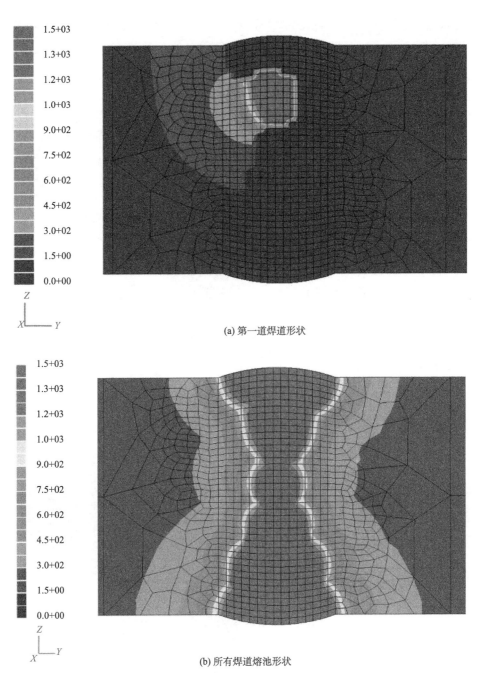

(a) 第一道焊道形状

(b) 所有焊道熔池形状

图 5-20　考虑间隙最佳正反坡口深度比下接头的熔池及焊缝横断面形状（$h_1 : h_2 = 1 : 1.9$）

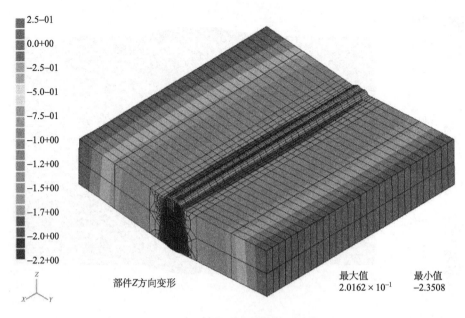

(a) 正面8道焊后面外变形

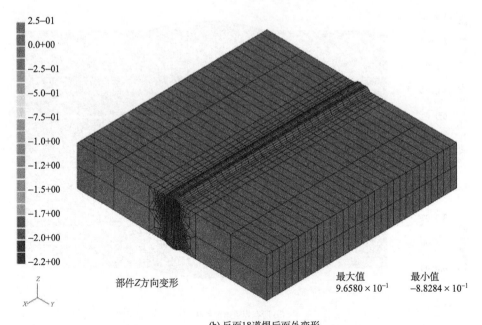

(b) 反面18道焊后面外变形

图5-21   考虑间隙最佳正反坡口深度比下接头的面外焊接变形（$h_1 : h_2 = 1 : 1.9$，变形率放大倍数：5）

图 5-22 角变形示意图

表 5-3 不同考虑间隙正反坡口深度比下热-弹-塑性有限元分析结果汇总

正反坡口深度比	温度最大值 /℃	温度最小值 /℃	正反坡口焊道数	最大面外变形量 /mm	角变形 /(°)
1:1.0	2113	207	8/8	4.50	3.44
1:2.6	2208	204	3/10	1.71	−1.32
1:2.4	2275	204	3/10	1.58	−1.20
1:2.0	2200	199	5/10	1.71	−1.32
1:1.5	1994	206	6/8	2.38	1.82
1:1.8	2040	201	5/8	1.07	0.82
1:1.9	1987	206	5/8	0.88	0.68

为了更清楚地展示不同比例下的变形情况,取焊缝中部底面上垂直焊接方向的一条直线对比获得的面外焊接变形,对比结果如图 5-23 所示。图中黑色直线是

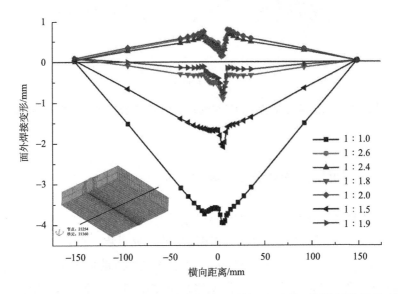

图 5-23 60mm 对接焊接头在不同考虑间隙正反坡口深度比下面外焊接变形对比

变形为 0 的基准线，可见，当正反坡口深度比为 1∶1.9 时，60mm 对接焊接头的面外焊接变形最接近基准线，因此变形最小。说明正反坡口深度比 1∶1.9 为 60mm 对接焊接头考虑间隙的最佳正反坡口深度比。

此外，在模型近焊缝处取一点，做出该点面外焊接变形随焊道变化的情况，并与常规对称坡口进行对比，如图 5-24 所示。可以发现：常规焊接坡口的焊接变形会一直增加，直到焊接结构翻身，而此时焊接结构刚度较大，反向的焊接变形不足以矫正之前产生的面外焊接变形；坡口优化后的焊接变形也是一直增加直至焊接接头翻身，而此时焊接结构刚度依然较弱，反向的焊接变形会矫正之前产生的面外焊接变形，将接头的面外焊接变形控制在规定范围内。

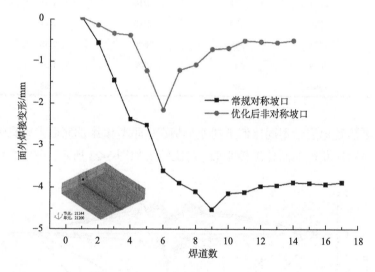

图 5-24　考虑间隙非对称坡口近焊缝处一点面外焊接变形随焊道变化情况

5.2.3　考虑间隙非对称坡口的规律总结

上述详细研究了如何通过多次热-弹-塑性有限元分析得到 60mm 厚钢板的对接焊接头的最佳正反坡口深度比，按照同样的研究过程，分别得到了 40mm、50mm、60mm、65mm、70mm、85mm 共 6 种不同厚度的使得面外焊接变形最小的正反坡口深度比（最佳正反坡口深度比），分别为 1∶1.80、1∶1.85、1∶1.90、1∶2.20、1∶3.50、1∶4.00，详情如表 5-4 所示。

表 5-4　6 种厚度下的最佳正反坡口深度比

厚度 /mm	最佳正反坡口深度比	比值
40	1∶1.80	0.556
50	1∶1.85	0.541
60	1∶1.90	0.526
65	1∶2.20	0.455
70	1∶3.50	0.286
85	1∶4.00	0.250

　　每次都通过多次大量计算确定某一厚度下的最佳正反坡口深度比，将耗费大量的计算机资源和时间。若通过对现有数据进行分析、总结获取钢板厚度与最佳正反坡口深度比之间的规律，便可大大提升效率，然后通过优化后的坡口来控制面外焊接变形。观察现有数据后，发现厚度与考虑间隙最佳坡口深度比之间呈明显非线性关系，因此做出图 5-25 进行玻尔兹曼非线性拟合，获取考虑间隙最佳正反坡口深度比 Y 与厚度 X 的非线性关系式：

$$Y = \frac{0.296}{1 + e^{(X-66.49)/1.88}} + 0.249 \tag{5-1}$$

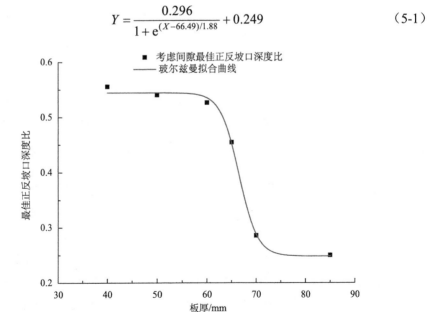

图 5-25　40～85mm 钢板 X 形坡口对接焊的考虑间隙最佳正反坡口深度比拟合曲线

结合图 5-25 及拟合得到的经验公式，可以发现：在 40～60mm，有间隙最佳正反坡口深度比与板厚呈大致的线性关系；在 60～70mm，有间隙最佳正反坡口深度比随着板厚的增加陡然下降；在 70～85mm，有间隙最佳正反坡口深度比与板厚又回到近似的线性关系。

5.2.4 考虑间隙非对称坡口在抗扭箱结构上的应用

由于抗扭箱结构中的超厚板对接接头较多，共有 19 条超厚板对接焊缝，分布如图 5-26 所示。将得到的考虑间隙最佳正反坡口深度比与板厚之间的经验公式应用到抗扭箱结构中对应的接头，在理想情况下，使得对应的超厚板对接接头的横向固有弯曲变形降为 0，从而降低整个抗扭箱结构的面外焊接变形。

由表 2-16 可知，板厚介于 40～85mm 间的典型对接焊接接头有 B7、B8、B9、B10、B11，这 5 个超厚板典型对接接头经过坡口优化后的固有变形如表 5-5 所示。

表 5-5　5 个超厚板典型对接接头经过坡口优化后的固有变形

对接接头	坡口代号	厚度 （左-右） /mm	纵向 固有收缩 /mm	横向 固有收缩 /mm	横向 固有弯曲 /rad
B7	AXS	85-85	0.0582	0.8196	0.0000
B8	AXS	60-60	0.0387	0.4840	0.0000
B9	AXS	85-60	0.0356	0.5239	0.0000
B10	COXS	85-85	0.0453	1.9965	0.0000
B11	COXS	40-40	0.0354	0.3793	0.0000

将新的固有变形结果代入弹性分析中重新计算，得到如图 5-27 所示的坡口优化后的抗扭箱结构整体面外焊接变形云图。与未优化坡口的结果进行对比，发现相对最大面外变形由 16.68mm 减小到 12.03mm，降低约 28%，说明通过优化坡口来控制抗扭箱的整体面外焊接变形是有效的，且效果显著。另取图 5-28 中线 1 和线 2 两条直线上的节点，对比坡口优化前后的面外焊接变形情况，如图 5-29 所示。可以发现，坡口优化前后两条线上反映的变形趋势相差不大，但变形量有一定程度的减小，尤其是两条线中部的变形降低明显。

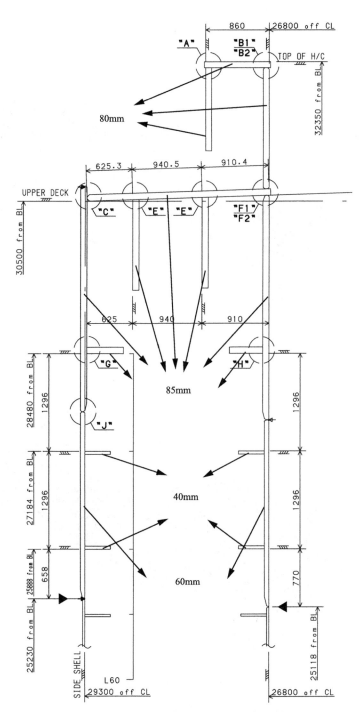

图 5-26　抗扭箱超厚板分布图（19 条焊缝）

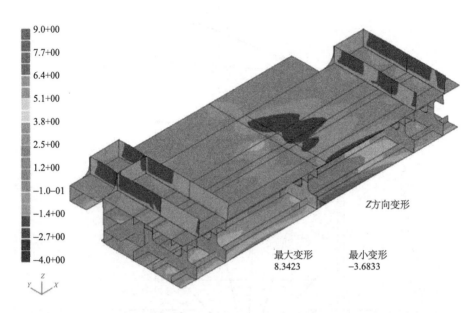

图 5-27　坡口优化后的抗扭箱结构整体面外焊接变形云图（变形率放大倍数：5）

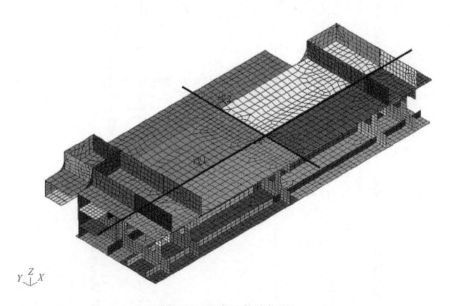

图 5-28　两条评价线位置

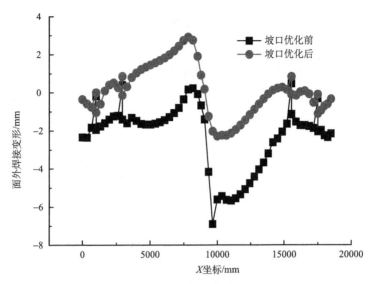

(a) 线1上各点的面外焊接变形

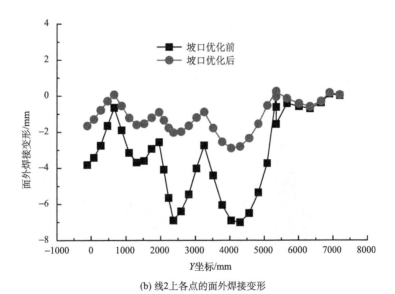

(b) 线2上各点的面外焊接变形

图 5-29　坡口优化前后的面外焊接变形对比

　　仅从图 5-29 的折线中很难比较哪种方案最优，引入 5.1 节中使用的相对面外变形的概念：以众多折线的起始点和终点的连线作为基准（这里为 0），将不同折线上的变形值减去基准值并取绝对值作为该点的相对面外变形值，然后将每条曲线上的数据点相加得到该条线的总相对面外变形值。坡口优化前后的结果分别对应两条线，这两条线分别体现纵横两个方向上的面外焊接变形，所以为了体现整体结构变形情况，需将坡口优化前后的两条线的相对变形值相加作为最终指标，比较其面外变形的优劣，结果汇总如表 5-6 所示，并绘制更加直观的柱状图，如图 5-30 所示。

表 5-6 坡口优化前后的两条评价线上的相对面外焊接变形对比

不同坡口形式	最大面外焊接变形/mm	线 1相对面外变形值/mm	线 2相对面外变形值/mm	总相对面外变形值/mm
坡口优化前	16.68	294.93	236.20	531.13
坡口优化后	12.03	128.17	81.00	209.17

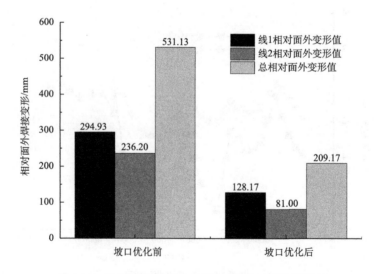

图 5-30 坡口优化前后线 1 和线 2 的相对面外变形值

从图 5-30 中可以得出，综合纵横两个方向（即线 1 和线 2 两条线的相对面外变形值），坡口优化后的总相对面外变形值为 209.17mm 比坡口优化前的结果531.13mm 要小得多，降低了约 60%。说明对超厚板的对接焊接头进行坡口优化能有效减小抗扭箱整体结构的焊接面外变形。

5.3　本 章 小 结

　　本章提出了 2 种面外焊接变形控制措施：优化焊接顺序以及考虑间隙的超厚板坡口优化等，并将其分别应用在了横舱壁和抗扭箱两个典型分段上。

　　（1）将横舱壁结构拆解成更多个组立，是有利于减小整体结构的面外变形的；通过多次弹性有限元分析计算，发现采用从中间向两边同时地对称焊接的顺序是面外焊接变形最小的。

　　（2）通过多次高效热-弹-塑性有限元分析，发现考虑间隙的非对称坡口的正反深度比与板厚呈非线性关系，通过玻尔兹曼拟合得到经验公式，为计算其他板厚的最佳正反坡口深度比节省了大量时间。将其应用在抗扭箱结构的面外焊接变形控制中，取得了显著效果，验证了坡口优化的有效性。

参 考 文 献

[1] Prokopowicz A K, Berg-Andreassen J. An evaluation of current trends in container shipping industry, very large container ships(VLCSs), and port capacities to accommodate TTIP increased trade[J]. Transportation Research Procedia, 2016, 14: 2910-2919.

[2] 张瑞. 集装箱船市场烽烟再起[J]. 中国船检, 2011, (4): 60-63.

[3] Radaj D. Welding residual stress and distortion[M]//Radaj D. Heat Effects of Welding. Berlin: Springer, 1992.

[4] Satoh K, Ueda Y, Fujimoto J. Welding Distortion and Residual Stresses[M]. Tokyo: Sampo Publications, 1979.

[5] 陈冰泉. 船舶及海洋工程结构焊接[M]. 北京: 人民交通出版社, 2001.

[6] 吴润辉. 船舶焊接工艺[M]. 哈尔滨: 哈尔滨工程大学出版社, 1996.

[7] 张彦华. 焊接力学与结构完整性原理[M]. 北京: 北京航空航天大学出版社, 2007.

[8] 王阳. 大型复杂船体结构焊接变形分析方法的研究及应用[D]. 上海: 上海交通大学, 2015.

[9] 刘建峰, 张海甬, 孙建志, 等. 18000TEU集装箱船关键建造技术[J]. 船舶与海洋工程, 2017, 33(1): 65-71.

[10] 陈弓. 20000TEU超大型集装箱船开发设计[J]. 造船技术, 2018, (2): 1-3, 7.

[11] 史雄华, 牛业兴, 向生, 等. 船体结构焊接变形的预测与控制研究进展[J]. 造船技术, 2019, (1): 1-6, 13.

[12] 白玲, 史志强, 史永吉, 等. 大型钢箱梁焊接收缩变形及其控制[J]. 钢结构, 2001, 16(3): 7-11.

[13] 奥凯尔勃洛姆. 焊接变形与应力[M]. 雷厚, 译. 北京: 机械工业出版社, 1958.

[14] C. A. 库兹米诺夫. 船体结构的焊接变形[M]. 王承权, 译. 北京: 国防工业出版社, 1978.

[15] 侯志刚, 王元勋, 李春植, 等. 焊接变形预测与控制的研究进展[J]. 机械工程材料, 2004, 28(3): 4-6, 30.

[16] Blandon J, Takaba S, Ohomae T, et al. Optimization of forming process by gas heating based on theoretical prediction[C]. Proceedings of the 1st International Joint Symposium on Joining and Welding, Osaka, 2013: 485-492.

[17] Chen B Q, Soares C G. Effects of plate configurations on the weld induced deformations and strength of fillet-welded plates[J]. Marine Structures, 2016, 50: 243-259.

[18] 李功荣, 陈震. 船底板架焊接胎架约束力分布规律分析[J]. 船海工程, 2017, 46(2): 34-37, 43.

[19] 刘露, 王苹, 刘永, 等. 基于FEA的插管结构焊接变形规律分析[J]. 焊接学报, 2016, 37(10): 113-116.

[20] Zhu X K, Chao Y J. Effects of temperature-dependent material properties on welding simulation[J]. Computers and Structures, 2002, 80(11): 967-976.

[21] 李鸿, 任慧龙, 曾骥. 预测船体分段焊接变形方法概述[J]. 船舶工程, 2005, 27(5): 55-58.

[22] 王江超, 史雄华, 易斌, 等. 基于固有变形的薄板船体结构焊接失稳变形研究综述[J]. 中国造船, 2017, 58(2): 230-239.

[23] 王江超, 周宏. 基于弹性有限元分析的船体结构焊接变形研究[J]. 中国造船, 2016, 57(3): 109-115.

[24] Wang J C, Rashed S, Murakawa H. Mechanism investigation of welding induced buckling using inherent deformation method[J]. Thin-Walled Structures, 2014, 80: 103-119.

[25] Tsai C L, Jung G H. Plasticity-based distortion analysis for fillet welded thin-plate T-joints[J]. Welding Journal, 2004, 83(6): 177-187.

[26] 王建勋, 初冠南, 于昌利, 等. 船舶与海洋工程中的焊接变形预测方法研究[J]. 船舶工程, 2011, (S2): 1-5.

[27] 赵丽, 程铁信, 莫莹, 等. 基于 C5.0 改进算法的焊接工艺参数选择决策树数据挖掘模型及其应用[J]. 中国管理科学, 2016, (S1): 177-182.

[28] 周方明, 潘华亮, 周奉翔, 等. 基于支持向量回归的焊接变形预测系统开发研究[J]. 江苏科技大学学报(自然科学版), 2017, 31(3): 282-287.

[29] 冯志强, 柳存根. 模糊粗糙知识建模及其在焊接变形预测中的应用[J]. 模糊系统与数学, 2015, 29(4): 173-185.

[30] Pinzon C, Hasewaga K, Murakawa H. Artificial neural network application for parameter prediction of heat induced distortion[C]. The 29th International Conference on Industrial, Engineering and Other Applications of Applied Intelligent Systems(IEA/AIE), Morioka, 2016: 599-608.

[31] 张系斌, 王哲平, 张齐凯, 等. BP 神经网络预测中厚板对接焊接变形[J]. 长江大学学报(自然版)理工卷, 2009, 6(4): 288-289, 302.

[32] 张健, 杨锐. 基于径向基函数神经网络的脉冲激光薄板焊接变形预测[J]. 中国激光, 2011, (11): 89-93.

[33] 张玉宝, 苟建军, 张恩慧, 等. 基于改进遗传神经网络的 SMAW 焊接变形预测[J]. 热加工工艺, 2015, (1): 208-210.

[34] 朱江. 焊接变形的控制和预防[J]. 电焊机, 2009, 39(8): 90-93.

[35] 吴战国, 李洪雷, 王升超. 自动扶梯桁架焊接变形分析与控制纠正[J]. 中国工程机械学报, 2011, 9(3): 337-341.

[36] 罗滨, 尤栋, 闫大海. 船舶焊接技术向自动化、高效化、绿色化和数字化飞速发展[J]. 中国水运, 2015, 15(9): 14-16, 76.

[37] Zhang Y M, Jiang M, Lu W. Double electrodes GMAW improve heat input control[J]. Welding Journal, 2004, 83(11): 39-41.

[38] 樊丁, 盛文文, 黄健康, 等. 双丝旁路耦合电弧 GMAW 高效焊接工艺[J]. 机械工程学报, 2016, 52(2): 13-18.

[39] 辜磊, 刘建华, 汪兴均. 激光-电弧复合焊接技术在船舶制造中的应用研究[J]. 造船技术,

　　　　2005, (5): 38-40.

[40] 王凯, 朱加雷, 焦向东, 等. 激光焊接技术在船舶制造中的发展及应用现状[J]. 电焊机, 2017, 47(2): 58-64.

[41] Staufer H. Laser hybrid welding in the automotive industry[J]. Welding Journal, 2007, 86(10): 36-40.

[42] Staufer H. Laser hybrid welding and laser brazing: State of the art in technology and practice by the examples of the Audi A8 and VW-Phaeton[C]. Proceedings of the 3rd International WLT Conference on Lasers in Manufacturing, Munich, 2005: 203-208.

[43] Acherjee B. Hybrid laser arc welding: State-of-art review[J]. Optics and Laser Technology, 2018, 99: 60-71.

[44] 李晓辉, 汪苏, 夏彩云. 304 不锈钢旋转双焦点激光-TIG 复合焊接[J]. 北京航空航天大学学报, 2008, 34(4): 431-434.

[45] 张维, 陈宪刚, 查长松. 新型船舶焊接技术——搅拌摩擦焊的原理与应用[J]. 舰船科学技术, 2007, 29(4): 92-93, 132.

[46] 荆忠亮, 赵彤涌, 宋志强. 船舶结构的搅拌摩擦焊技术[J]. 舰船科学技术, 2015, (4): 117-120.

[47] 张昭, 刘会杰. 搅拌头形状对搅拌摩擦焊材料变形和温度场的影响[J]. 焊接学报, 2011, 32(3): 5-8.

[48] 张传臣, 陈芙蓉. 厚板高强铝合金焊接发展现状及展望[J]. 电焊机, 2007, 37(7): 6-11.

[49] 于永清, 鞠恒, 林成新, 等. 预置粉末激光焊接不锈钢板工艺及性能研究[J]. 激光与光电子学进展, 2017, 54(12): 1-12.

[50] 周广涛, 刘雪松, 闫德俊, 等. 顶板焊接顺序优化减小焊接变形的预测[J]. 焊接学报, 2009, 30(9): 109-112.

[51] 李育文, 位建康, 王付星. 筒体焊接固定方式对残余应力分布的影响[J]. 热加工工艺, 2014, 43(1): 223-225.

[52] 刘玉君, 李艳君. 确定焊接反变形的数值模拟及规律分析[J]. 船舶力学, 2008, 12(2): 277-282.

[53] 刘雨生, 李萍, 田健, 等. 基于弹性反变形法的连接杆焊接变形控制[J]. 焊接学报, 2015, 36(12): 17-21.

[54] 张凯, 李培勇, 毕洪坤, 等. 基于塑性反变形法的角焊缝焊接变形控制研究[J]. 江苏船舶, 2017, 34(3): 8-12, 21.

[55] 程小华, 顾天宏, 刘川, 等. 不锈钢 T 形接头焊接热源模型研究[J]. 焊接技术, 2016, 45(10): 27-30.

[56] 卫亮, 张乐乐, 王鹏. 高速列车框架焊接的双椭圆柱高斯分布热源模型[J]. 焊接学报, 2016, 37(12): 95-100.

[57] 李菊, 杜欲晓, 关桥, 等. 热源与热沉的距离对焊接接头应变影响研究[J]. 航空制造技术, 2012, (13): 105-107.

[58] 张恩慧, 苟建军. 基于 Matlab/GUI 的 SMAW 焊接工艺参数优化系统[J]. 热加工工艺, 2015, 44(15): 195-197.

[59] Hibbitt H D , Marcal P V. A numerical thermo-mechanical model of the welding and subsequent loading of a fabricated structure[J]. Computers and Structures, 1973, 3(5): 1145-1174.

[60] Friedman E. Thermomechanical analysis of the welding process using the finite element method[J]. Journal of Pressure Vessel Technology, 1975, 97(3): 206-213.

[61] Goldak J A, Akhlaghi M. Computational Welding Mechanics[M]. Berlin: Springer Publication, 2005.

[62] Hermanns M. Parallel Programming in Fortran95 using OpenMP[EB/OL]. http: //www. student chemia. uj. edu. pl/~mrozek/USI/OpenMP/F95_OpenMPv1_v2. pdf. 2002.

[63] Chandra R, Dagum L, Kohr D, et al. Parallel Programming in OpenMP[M]. Pittsburgh: Academic Press, 2001.

[64] Luo Y, Murakawa H, Ueda Y. Prediction of welding deformation and residual stress by elastic FEM based on inherent strain(first report): Mechanism of inherent strain production [J]. Transactions of JWRI, 1997, 26(2): 49-57.

[65] 上田幸雄, 村川英一, 麻宁绪. 焊接变形和残余应力的数值计算方法与程序[M]. 罗宇, 王江超, 译. 成都: 四川大学出版社, 2009.

[66] Adan V, Sherif R, Hisashi S, et al. Influential factors affecting inherent deformation during plate forming by line heating(report 1): The effect of plate size and edge effect[J]. Transactions of JWRI, 2007, 36(2): 57-64.

[67] Wang J C, Ma N, Murakawa H. An efficient FE computation for predicting welding induced buckling in production of ship panel structure[J]. Marine Structures, 2015, 41: 20-52.

[68] Dean D, Ma N, Murakawa H. Finite element analysis of welding distortion in a large thin-plate panel structure[J]. Transactions of JWRI, 2011, 40(1): 89-100.

[69] Murakawa H, Deng D, Rashed S, et al. Prediction of distortion produced on welded structures during assembly using inherent deformation and interface element[J]. Transactions of JWRI, 2009, 38(2): 63-69.

[70] Wang J C, Zhao H Q, Zou J S, et al. Welding distortion prediction with elastic FE analysis and mitigation practice in fabrication of cantilever beam component of jack-up drilling rig[J]. Ocean Engineering, 2007, 130: 25-39.

[71] Jia J L, Dong Z Q, Yuan J L, et al. Study on mechanical properties of AH32 opened plate[J]. Advanced Materials Research, 2013, 631-632: 354-357.

[72] 周洋. 船体大型结构件焊接变形预测[D]. 镇江: 江苏科技大学, 2016.

[73] 梁伟, 村川英一. T 形焊接接头固有变形逆解析方法的开发[J]. 焊接学报, 2013, 34(10): 79-82, 117.

[74] 罗宇, 鲁华益, 谢雷, 等. Tendon Force 的概念及计算方法[J]. 造船技术, 2004, (4): 35-37.

[75] 任帅. 船体典型构件焊接工艺仿真及分段装焊变形预测研究[D]. 镇江: 江苏科技大学, 2017.